いじめ現象の再検討

日常社会規範と集団の視点

竹川郁雄
Ikuo TAKEKAWA

法律文化社

まえがき

　本書は，現代日本の学校で発生しているいじめの現象について，集団，社会規範，価値志向等の視点から考えた論文集である。
　今日，いじめに対する関心は，高いとは言えない。それはいじめの発生が減少しているのではなく，大河内清輝君事件のようなインパクトのある事件が発生していないということがあるだろう。また，いじめとして取り上げると，責任問題など何かと面倒なことがあるので慎重になるためであろう。
　対人関係や集団内でのいじめは，何ら問題視されなければそのまま日常生活の中で過ぎ去ってしまう現象である。一方的に不当な攻撃行動により深刻な被害を受けて，自殺したりトラウマとして後々悩み続けたりするのを防止するためには，いじめがどのようなものであるのか，広く社会との関わりにおいてとらえ，支援の方法を見つけていく必要がある。児童生徒の日常生活において，いじめは人々の関心にかかわらず発生していると考えられ，一部の識者にはもはやいじめはたいした問題ではないとみなす人もいるが，私は，そうではなく，世間の関心の大小にとらわれず，地道に取り組んでいくべき今日的課題だと考える。
　本書は，以上のような問題関心から，主に集団の視点による考察からなる論文集で，次のような構成となっている。
　第Ⅰ編「いじめを考える」（第1章～第6章）では，児童生徒間で発生するいじめを直接の考察対象として，調査データやケース例をあげつつその背景的要因を探っている。
　第1章では，いじめの背景的要因を指摘する。次いで集団や対人間でのやりとりの中で，あることをいじめだと判断するのはどういうことによってであるか，それを教室などの場面で確定する際の問題について考える。
　第2章では，いじめの加害側の状態について検討する。いじめには偽装工作

や巧妙な言い訳がいじめ加害側によってなされるが，いじめの発生時だけでなくその前後においても，加害側が優位であれば，いじめそのものを封じ込めてしまうことができる。その点について，常識的価値志向の視点から，いじめを生む優位―劣位関係について考える。

　第3章では，児童生徒の集団形成過程で，いじめがどのように発生するのか考察する。思春期においては社会性の獲得が集団形成を通して目指されるが，それがいじめとなる場合について，学級集団と仲間集団とに分けて考察する。

　第4章では，適応過剰をキーワードにして，不登校，摂食障害，集団内いじめに共通する特徴を探る。さらに，そうした特徴が文化レベルでどのようにとらえることができるか，日本文化論での知見を参考にして考える。

　第5章では，いじめとしつけを人々はどのようにとらえているか，実施した質問紙調査のデータを分析し，特に，「いじめられる側にも責任がある」と「他人の子どもを叱ること」について，その背景を探る。

　第6章では，いじめなど問題を抱えた生徒をどのように支援するか，その支援のあり方について検討する。個別的な問題解決の視点から生徒をとりまく社会の視点まで，教育社会学の視点より，いじめ問題を中心に基本的な方向づけを行う。

　第Ⅱ編「日常社会規範と集団を考える」（第7章～第10章）では，前半で問題となった社会規範や集団の特徴を明らかにしようとしている。

　第7章では，日常生活において人々の行動の仕方を律している社会規範について，基本的な性質を位置づけ，いじめなどの現象とどのようにかかわっているのか考える。

　第8章では，集団内のルールがどのようにして形成されどんな性質を持ち，また他者のまなざしによる恥の感情がどのような仕組みで発生するのか考える。

　第9章では，準拠集団と自己愛の概念を手がかりにして，現代人の自己イメージが，所属集団への愛着を高めたり，社会生活を送る上で有益に作用したり，逆に自己イメージが悪くなるとどのようになるのか考える。

　第10章は，補論として，学級集団が変化する際に掲げた集団の5つの側面

と集団の状況変化について，社会学の文献を参考にしながら一般的な整理を行う。

　前著『いじめと不登校の社会学——集団状況と同一化意識』を1993年に出版した時は，不登校問題がクローズアップされていて，いじめへの関心は低下していた。ところが，1994年に大河内清輝君のいじめ自殺事件が起きると，一挙にいじめが社会問題として再び関心を集めるようになった。私としてはいじめに関する考察は前著で終わりと思っていたのだけれども，その後も諸般の事情からいじめについて考えることとなった。森田洋司先生（大阪市立大学教授（当時））の指導を受け調査グループに加わった者の中では，私が一番長くいじめに没頭し，ふたたびいじめに関するこの本書を上梓することとなった。

　前著を出してから，いじめ以外のテーマも考えたり，社会学の理論的問題も考えてきたつもりだが，頭の中のどこかにいじめへのヒントはないか，ということがあったように思う。それはなぜかと考えてみると，どうも私は，いじめ被害者への感情的な同一視が強く，その方から一途にいじめ現象に取り組んできたなあという思いに至る。私自身は学童期にいじめられて悩んだという思いはないのだが，演劇やテレビドラマなどを見ていると，その中の弱い立場の者に自分をおいて見ていることが多く，弱いと思いこんでいる自分を，同じ弱い立場の登場人物に同一化して見る傾向が性分的にあるようだ。それが自分のいじめを見る姿勢となり，いじめについて考える原動力になってきたように思う。

　現大阪樟蔭女子大学教授森田洋司先生には，大学院修了後もいじめの国際比較研究会への参加や学位取得など，さまざまな面でご指導をいただきました。篤くお礼を申し上げる次第です。

　本書の刊行にあたっては，再びお世話になった法律文化社編集部の小西英央氏にお礼を申し上げたい。

　最後に，今も健在でいる母，内枝にこの小著をささげたい。

　　　2005年10月

　　　　　　　　　　　　　　　　　　　　　　　　　　　　竹川　郁雄

目　次

まえがき

第Ⅰ編　いじめを考える

第1章　いじめ問題のむずかしさ ――― 3

　はじめに　3
　1　いじめの背景的要因　4
　2　いじめ判断における苦痛と正当性　6
　3　教室などの場面でいじめを確定する際の問題　12

第2章　いじめ加害と常識的価値志向 ――― 19

　はじめに　19
　1　いじめ加害の実態　20
　2　攻撃性と日本のいじめ加害　26
　3　いじめを生む優位―劣位関係と常識的価値志向　29
　おわりに　37

第3章　いじめと児童生徒の集団形成 ――― 40

　はじめに　40
　1　集団の視点からのいじめ分類　40
　2　集団全体が関与するいじめ　43
　3　仲間集団内の隷属的いじめ　49
　おわりに　55

第4章　不登校，摂食障害，集団内いじめと適応過剰―――57

はじめに　57
1　適応過剰による逸脱現象　59
2　適応過剰と「日本文化論」　68
3　社会規範への同調と逸脱　74
おわりに　77

第5章　いじめとしつけを人々はどのようにとらえているか―――80
――松山市民への調査より――

はじめに　80
1　調査の実施について　80
2　一般の人々のいじめに関する意識　82
3　他人が子どもを叱ることについて　98
おわりに　104

第6章　いじめなど問題を抱えた生徒の支援―――107
――教育社会学の視点――

はじめに　107
1　問題を抱えた生徒を支援する対象領域　108
2　対象領域におけるいじめ問題と支援　110
3　不登校問題と「心のノート」に見る支援のあり方　119
おわりに　122

第Ⅱ編　日常社会規範と集団を考える

第7章　日常社会規範を考える――――127

はじめに　127
1　社会規範の模範的側面と拘束的側面　128
2　社会的場面の日常社会規範　132
3　社会規範とサンクション　140
おわりに　144

第8章　集団内で作られるルールと恥意識を考える――148

はじめに　148
1　状況適合性ルールの形成　149
2　罪と恥の意識　154
3　羞恥感情と状況適合性ルール　159

第9章　自己愛と集団――準拠集団の視点から――――165

はじめに　165
1　準拠集団と所属集団　166
2　自己愛と誇大自己　169
3　準拠集団と誇大自己　175
4　誇大自己の有為イメージの縮小といじめ　178
おわりに　181

第10章　集団分析の視点——補　論——183

　はじめに　183
　1　集団の5つの側面　183
　2　集団状況の変化　188
　3　集団分析の有効性　195

初出一覧

索　引

第Ⅰ編
いじめを考える

第1章　いじめ問題のむずかしさ

はじめに

　いじめは，いたずら，いじわる，ふざけなど軽微で一過的なものから，多数により執拗に行われ深刻な苦痛を感じるものまでさまざまだが，常に表沙汰にはできない行為として行われる。動機も嫉妬やふざけや恨みなど，個人的な感情にかかわることから，仲間内のルールを破ったとかひとりだけ目立ったとか，集合的なものにかかわることまで，当人にとっては重要だが社会にとっては些細なことにかかわる動機によって行われる現象である。従って，社会で問題視されなければ，人間関係のどこにでもある問題として個別的に処理されるだけである。

　しかしながら，現代の日本社会が，経済的豊かさによる消費社会化や情報化を進め，子どもの生活環境を変化させて，深刻ないじめが発生しやすくなっているとすれば，人びとの関心に関わりなく，継続的に考えていくべき問題であろう。

　いじめが1980年代後半に社会問題化した頃では，自殺や殺傷事件に発展したりすることや，いじめられる側といじめる側が入れ替わったりすることなど，いじめの不可解な状態ばかりが紹介され，そのためいじめという現象が特別扱いされて，いじめ事件はゴシップ的に扱われるばかりであった。

　教育行政の面でも，大河内清輝君いじめ自殺事件の後にいじめ対策緊急会議として取り上げられたが，その後は関心が低くなっていった。最近では病理的現象の1つとして，教育システムの再編を推し進めるための方便として使われ，[1)]

いじめ問題そのものに取り組んでいこうという姿勢は見いだせない。しかし問題が解明されたわけではなく，一般の関心が低くとも現象に内在化して背景的要因を探り，深刻なケースに陥る場合への対策を模索すべきであろう。

いじめは上述したように，公的現象ではない，生産的でないという意味で社会的に些細な現象であるが，人間関係に必ず生じる葛藤現象ということで，人間関係とそれをとりまく社会のさまざまな要素が集約的に込められた現象でもある。このような視点でいじめの背景的要因を考えたい。

1　いじめの背景的要因

最初に，いじめについて考慮すべき背景的要因について考えておきたい。ナンシー・アイゼンバーグとポール・マッセンは，他者を自発的に助けようとする行動である「向社会的行動（prosocial behavior）」の研究において，その行動の規定因を体系的に考察している[2]。いじめは攻撃行動の1種としてとらえることができ，ある状況の時に弱い立場の者に対して，危害を加えるのが攻撃行動，援助するのが向社会的行動とみなすことができる。弱い立場の者にとっては全く異なる行動を受けることになるのだが，その行動の規定因はどちらも同じ図式で考えることができるだろう[3]。そうだとすると，彼らの示す次のような7つの分類を，攻撃行動の1種であるいじめに対しても，包括的な規定因の分類として使用することができるだろう。

ナンシー・アイゼンバーグとポール・マッセンによる向社会的行動の規定因の分類
 1．生物学的要因（遺伝子的要因）
 2．文化と集団所属性（文化的な影響）
 3．社会化経験（しつけ，両親のモデリング，テレビの影響など）
 4．認知的過程（場面の解釈，評価など）
 5．情動的反応性（罪責感，共感など）
 6．性格的・個人的変数（性別，発達水準など）
 7．状況的条件と環境（その時の出来事，社会的文脈など）

いじめについての規定要因の研究は、これらについて逐一検討することが望ましいのであるが、それだけの余裕はないので、ここで考察することが重要で、いじめ問題を難しくしている背景的要因について、次のような6点を指摘しておきたい。

1．いじめの概念規定とその適用の問題（本章第2，3節で言及）

　いじめという用語・概念をどのように定義するか、そしてそれをどのように実際に適用していくかという問題である。いじめの定義は文部科学省や多くの研究者によりすでに行われているが、なお論ずべき点があると考える。また、それを実際に適用する際の問題である。この問題については、この章の後半で議論する。

2．いじめ加害側の優位性（第2章で言及）

　いじめには、偽装工作や巧妙な言い訳が、いじめ加害側によってなされるとの指摘はすでに多くされている。いじめの発生時だけでなくその前後においても、いじめ加害側には優位な状態が発生しやすい。加害側が優位であれば、いじめ問題そのものを封じ込めてしまうことができ、そのようなことは起こっていない、あるいは被害側に落ち度があるのでそちらに責任があるという帰結になる。結局、ちょっとしたいさかい事として処理されてしまう。そうしたいじめ加害側の優位性が、いじめの解決をむずかしいものにしている。

3．発達課題と集団形成（第3章で言及）

　子どものいじめが大人のいじめと区別される点は、子どもがそれぞれの年齢段階で持っている発達課題と、密接に関連しているということであろう。その中でも特に思春期における自立の問題、とりわけ社会性の獲得ということが、集団形成を通してめざされ、いじめ問題と大きく関係していると考えられる。このことについては、発達心理学の領域におけるテーマであり、本書では十分考察し得ないが、学級集団や仲間集団との関連で考察を進める。

4．日本人の意識傾向や文化的特徴（第2，4章で言及）

　筆者が加わった海外の比較研究において、いじめの手口の仕方の日本的な特徴が見られた（第2章）。そこから、文化レベルにおける中根千枝のタテ社会

論や浜口恵俊の間人主義論などの知見を参考にして，現代日本社会におけるいじめ問題の特徴を位置づけることができよう。

5．社会的潮流としての私事化（第5章で言及）

　一定の経済的豊かさを達成した日本社会では，「公」より「私」を重視する「私事化」が進んでいくこととなる。私事化は，生活形態の個人化と生活意識のプライベート化とに分けることができるが，どちらも背景的要因として，いじめ問題に影響していると考えられる。

6．いじめのとらえ方と対応の問題（第5章，第6章で言及）

　いじめを大人がどうとらえているかは，子どものいじめ行動に大きな影響を与えると考えられる。特に，いじめた後処罰されなかったり，いじめられる側にも責任があるとの態度を大人がとったりする場合，いじめは続いていくであろう。いじめのとらえ方とともに，いじめにはさまざまな対応が考えられ，臨床的に今現在いじめられ大きな被害を受けている者への対応や，いじめ発生そのものを抑止する対応など，そのどれをとるかで大きく異なってくるだろう。

　これらいじめ問題をむずかしくしている背景的要因は，相互に関連しており一筋縄ではいかないが，本書の前半部分で，各テーマを追究しながらそれぞれ言及している。

2　いじめ判断における苦痛と正当性

　いじめ問題を難しくしている理由として，いじめという用語・概念の規定の問題がある。いじめは日常用語であり，たとえばプロ野球で優勝を争っているチームを下位チームが優勝を阻んだ時，「○○いじめ」などという表現が新聞の見出しに使用されるなど，普段の生活の中でさりげなく使われる。学術用語のように厳格な使用を強制することはできず，何となくこれがいじめに該当するだろうという感覚で多くの人がとらえているのが現状である。いじめ事件が大きく報道された際には，人々の関心の高まりによりいじめという言葉が頻繁に使われて，いじめという言葉の意味も広く大まかにとらえられて使用される

だろう。

　しかし社会問題として対処すべきいじめ現象がどのようなものであるかについては，しっかりとらえていく必要がある。いじめ定義の問題は何度もなされているが，いじめを確定する際の問題と密接にかかわって重要なことであり言及しておきたい。このことについて，本節で考えてみる。[5]

1）苦痛の判断について

1　文部科学省の定義

　文部科学省はいじめの定義を「1．自分より弱いものに対して一方的に，2．身体的・心理的な攻撃を継続的に加え，3．相手が深刻な苦痛を感じているもの。なお，起こった場所は学校の内外を問わないこととする」としている[6]。

　まず，1．いじめは対等性のあるけんかでなく，一方的に不均衡な関係の状態のもとで行われるということである（いじめ定義の第1条件）。

　次に，2．身体的・心理的な攻撃ということであるが，それが「継続的に」加えられると規定することには問題がある。これは3．深刻な苦痛を感じていることとかかわって，いじめ問題確定の用件となるが，深刻な苦痛を感じるいじめにはどのようなものがあるかあげてみると，第1に逃げ出せない閉鎖的な状態のもとで執拗に継続的に攻撃する場合があり，第2に集団リンチなど短期的ではあるが暴力性の大きい攻撃を行う場合があり，第3に大勢の前で恥をかかす，あるいは恥ずかしいことを強要するなど，精神的障害の大きい場合がある。いじめの定義には第2，第3の場合も含めて考えるべきであろう。

　多くのいじめ自殺事件が示しているように，いじめ加害側は巧妙な攻撃手段を使っていじめだと発覚しないように操作するので，いじめの判定を一連の観察しうる行為から行おうとすると，被害側の救済にまで達することができず，ずるずるといじめを継続させてしまう結果になりかねない。そのためには，いじめられる側の苦痛の有無は，いじめの定義にははずせないであろう。むろん被害妄想など，苦痛の判定は容易ではないことを含めても，そのようにすべきであろう。

いじめにかかわる事例をみてみると，実際にいじめだととらえる時には，1種類以上のいじめ行動全体を指して，それをいじめとして問題視することが多い。それは，いじめられる側の精神的ないし身体的な苦痛の大きいことを総合的にとらえて，それをいじめの判断基準にしているからである。この総合的ということは，ますますいじめ確定の一線が容易に引けないということを引き起こすことになる。いじめは対人関係や集団内での対面的な相互作用であり，ビデオカメラで録画でもしない限り，どんどん過ぎ去っていくだけに，一連の相互作用をいじめとして決然と判断し，問題として投げかけていく必要がある。

2　定義の仕方と苦痛の判断

　いじめ問題をできるだけ一般化された問題として共有していくためには，いじめの定義をどのような意図で行っているかを明確にしておくことが重要になる。このことに関して，ジョージ・ランドバーグ（George A. Lundberg）とハーバート・ブルーマー（Herbert Blumer）との論争が参考になる。

　ランドバーグは「我々が何について話しているのかを常に知っているためには，我々が調査を始める前に，明確で注意深く言明された概念の定義を持つことが重要で，また実際に必要である」と主張し，「操作的」定義（"operational" definition）を提唱した。[7]

　かたやブルーマーは，我々の概念の明確な定義は調査の始めで「与えられたり」「構成されたり」されえず，また科学的な手続きにおいて正確な定義を持つことが必ずしも望ましいことではない，なぜならそれらは調査への打ち切り（cloture）を与えてしまうから，という。そして「いずれにせよ定義は調査の結果や帰着の一つとしてのみ適切に表される」と主張する。[8] R. バーステッドによると，B.C. 4世紀のアテネにおいても，ヘルモジネスとクラティラスとの間で，ランドバーグとブルーマー同様の論争があったという。[9]

　こうした客観性を与えるための操作的定義と，より現象の重要な部分をつかもうとする実在的定義のどちらであるべきかという問題は，学問上の論争点となっており容易には解決できないであろう。自然科学の発展がめざましい現代

においては,操作的定義であるべきだということになりやすいが,ここではいじめ問題にかかわる者への救済という実践的要請から,いじめ被害側の主観性重視,すなわち主体的行為者の状況判断と意識のありようを考慮に入れることが重要であろう。そうすると,操作的定義は厳密性を持たせるために必要であるが,それは調査や統計の部分に限定し,現象の重要な部分をつかもうとするために,実在的定義の考え方で規定していくことが望ましいということになるだろう。

　海外のいじめ定義の議論では,イギリスで対策を進めているシェフィールド・プロジェクトの定義のように,具体例を挙げて定義をする場合がある[10]。その際にはいじめられる側の苦痛の深刻さと関わりなく判断されることになるだろう。ただし,抽象的な表現でいじめを説明しても理解されないので,質問紙調査のように児童生徒や一般の人に対して理解を促す場合には一定の効果を得ることができよう。その際には,相当の工夫が必要であろう。

　深刻ないじめに遭っている被害者の救済という点から考えるならば,いじめ被害者の苦痛の有無,そしてその深刻さを問題にしなければならない。苦痛は主観的なものであり,何度も一方的に殴って出血させたとか,具体的な事象から一律的に判定することはできない。

　このことはいじめの確定の難しさを引き起こすこととなるが,いじめを受けている子どもの立場から,その子の感受性や攻撃に対する耐性,いじめの継続度,周囲の援助と孤立の度合いなど,多くの要因について考慮しつつ,いじめであるかどうかを判断しなければならないということである。

2) 正当性判断について

1　正当的な攻撃

　いじめによってとられる攻撃手段が不当なものであるという点については,いじめ現象に関する限り当然のことであるかのように考えられている。しかし厳密に考えるならば,一方的な不均衡関係が発生している状況の下で,精神的ないし身体的苦痛を与える攻撃行動がすべていじめだとみなされるわけではな

い。攻撃する側のその行為に正当性が与えられている場合は、いじめにはならないのである。もっとも典型的なものは、違法行為により逮捕された者が裁判の判決により刑が執行される場合で、そのことに関して誰もそれがいじめだとは思わないであろう。

　この場合、その社会で正当化された一方的攻撃行動は、ウェーバーの正当的支配の類型に即して考えることができよう。すなわち、一定のルールによる制裁的攻撃（合法的支配）、これまで慣例的に存在する秩序を維持しようとする攻撃（伝統的支配）、天与の資質を持った者が行う攻撃（カリスマ的支配）である。これらが判然としている場合にはいじめとしての攻撃かそうでないかは明白である。現実にはその多くは合法性、つまり多くの人々の合意によって作られたとされる規則の正当性によるものであろう。

　日常的には、正当性があることによる、その意味でいじめにならない一方的攻撃により苦痛を与える行動には、先生による校則を違反した児童生徒への叱責、親が遅くまで外で遊んでいる子どもにする折檻、大企業が行う人事異動の配置転換（左遷）などが考えられる。しかしその際でも、法律に基づいた処罰行為ほどの正当性根拠が保障されているわけではないから、一方的な攻撃行動で苦痛を負わせるならば、いじめのニュアンスを帯びてくることとなる。たとえば先生が教室である生徒を執拗に叱りつけるならば、それを見ていた周囲の生徒がこれはいじめではないかと思い始めるであろう。このようにいじめかどうかの判断には、単に一方的攻撃により苦痛を感じるかどうかだけでなく、攻撃の仕方がその時の脈絡からみて、不当であるとか過剰であるとかの判断が働いていると考えられる。従って、ある場合にはこの正当性判断がいじめかどうかを左右することになる。

2　いじめなのにいじめとみなされない場合

　それとは逆に、本来いじめだと判断される行為に対して、正当性判断が一時的あるいは状況的に付与されて、いじめだとみなされない場合がある。このことは、大人の集団においても同様で、革命的セクト集団における粛正行為や、

新興宗教団体における教義違反者に対する総括的処罰は，内部のメンバーにとってそれらの行為に対して正当性意識が抱かれている時，いじめだとは思われないだろう。集団外から見ればいじめだが，正当性認識を抱いているために集団内のメンバーにはいじめだと判断されない場合があり，集団の外と内でいじめ認識に違いがでてくることとなる。
　このことは，子どもたちがつくる集団において起こりやすいことである。ある児童生徒の属する仲間集団が，その子にとってきわめて重要な集団となっている時，その集団内でのルールが，たとえ理不尽な内容であっても，正当性を持って認識される場合がある。すると，そこでできあがっているルールは何よりも守るべきことがらであって，仲間集団の外部にある校則や法律はその次のものとなる。このような仲間集団内において，集団内ルールの違反に対する制裁やカリスマ的ボスの暴力行為は，そこに所属しているメンバーにとって，不当だとか過剰だとか判断されないのでいじめではないということになる。

3　いじめの定義

　以上をまとめると，いじめとは，その時の状況において相対的に優位に立つ一方が劣位の者に対して，通常目的と手段の間に正当的根拠がないかあっても過度に及ぶ手段によって，精神的ないしは身体的な苦痛を与える攻撃行為であると規定することができる。[11]
　このように，いじめ判断には，被害側の苦痛の有無をめぐる主観的な内面状態の判断と，攻撃的行為の状況的正当性の判断という２つの判定困難な部分を伴っており，いじめ問題を難しくしている。そうではあるが，これらの要件を落とすと，いじめ被害側への救済を無視したいじめ規定になってしまうであろう。
　このように考えると，いじめの定義はいくつかの要素からなり，実際に判断するにあたっては，全体的視野から総合的にとらえる必要があるだろう。

4　いじめは児童生徒間の問題が中心

　上述したような条件に従って，社会現象のある状態をいじめだと規定できようが，一般にいじめ問題として扱われているものは，さらにより特定化された現象をさしている。つまり今日のいじめ問題とは，学校を主な舞台として児童生徒間で行われる一方的な攻撃行為を対象としている。

　それ以外に，上で規定したいじめの範疇に入るものには，親が自分の子に対して行う児童虐待，夫が妻に暴力を振るうドメスティック・バイオレンス（DV），会社内で上司が部下の女性社員に対して行うセクシュアル・ハラスメントなどがある。つまり，学校外で問題にされている児童虐待やDVやセクシュアル・ハラスメントの現象もいじめの一種だということである。

　しかし，これらは別の問題群を構成して，それぞれの領域で考察されている。児童虐待やDVやセクシュアル・ハラスメントの場合，加害側が大人であるため，そのような虐待行為をする大人の精神状態や人権擁護のあり方が問題視されるのに対し，児童生徒間のいじめ問題は学校という特殊な制度のあり方，先生の指導，子どもの発達段階などが重なって固有の問題状況を呈している。

　本書では児童虐待やDVやセクシュアル・ハラスメントにはいじめに関わる限りで言及し，学校で発生しているいじめに限定して考えることにする。さらに学校でのいじめにも，教師と児童生徒，教師と教師，上級生と下級生などの間で生じるいじめもあるのだが，自殺，殺人，傷害などの事件に発展して社会問題化しているのは，主に同級生間のいじめであり，一見対等であるかのような状態での一方的な攻撃行動が問題となる。ここでは，主に同級生間のいじめを念頭において，そこに潜む問題について考えていくことにする。

3　教室などの場面でいじめを確定する際の問題

　いじめ問題を難しくしている要因として，日々さまざまな対面的相互作用が繰り返される教室などの場面で，いじめを確定していく際の問題がある。

　日本でいじめが問題視された1980年代後半では，いじめられっ子といじめ

っ子の立場が入れ替わったり，いじめる側の巧妙な偽装工作によって，いじめの可視性が低下しているという指摘がされ，いじめ現象の見えにくさ，不可解さが論じられてきた[12]。

その後，猟奇的な不可解さの印象は薄れたが，今なおいじめ確定の難しさの問題は，いじめに関する事件が発生するたびに生じている。また，いじめへの情報公開に慎重すぎるのではないかという場合も見られる。このことについて考えてみよう。

1）学級内でのいじめの見え方

実際の生活の場面でいじめを確定する際の難しさについて考えてみよう。いじめの手口と普段の日常的行為とが不明確である場合は多い。たとえば，遊びだと言ってプロレスごっこを強要され，常に負け役で激しく痛めつけられる場合や，頻繁にジュースや菓子を買ってくるよう使い走りをさせられる場合など，それだけを見ているだけではいじめかどうか判断がつかないであろう。

そのような外面的見えづらさに加えて，動機的にも判定しづらい場合がある。たとえば，遊びの負け役や使い走りを請け負うことでのみ，仲間集団のメンバーとして認められるために，自ら進んでつらい役を引き受ける場合がある。あるいはまた日々生活する範囲が決まっていて友だちからされる行為が苦痛だと思っていても，そこしか自分のポジションがない，逃げても無駄だとわかっているので少しでも攻撃をやわらげるために，いやな役を積極的に引き受ける場合などがあり，そのような場合にはいじめの判定はかなり難しいものになるだろう。

図表 1-1 は，クラスの中のある生徒が，その時いじめられたと同じクラスの何人の生徒によって指摘されたかを示したものである。このデータは東京と大阪の中学 2 年 15 クラスの生徒を対象としたもので，調査年が 1984 年と古いが，いじめへの報道が頻繁となる直前に調査されたものであり，今日この種の質問はまず行えないであろうから，その意味で貴重なデータである[13]。

これを見ると，1 人から 4 人による少数の指摘が多く，これよりいじめ判断

図表1-1　クラス内でいじめられた者の認知人数

		A	B	C	D	E	F	G	H	I	J	K	L	M	N	O
クラスの人数		43	42	45	45	43	44	42	45	43	43	41	45	45	42	43
ある者がいじめられたと指摘した者の人数	1人	6		6	9	7	6	5	2		4	8	8	4	1	2
	2人	3	13		7	3	4		1		3	5		1	2	2
	3人			1	2		1		1			1	1	2	1	
	4人		5		2								1	2		3
	5人															1
	6人									1			1			
	7人									2			2			
	8人	1			1	1										
	9人				1		1									
	10人														1	
	11-15人	2		2		1				1	2	1		1	1	2
	16-20人	1								1	1					
	21人以上	1		1				1		2	1					1

がここで論じているようにクラスのメンバーによっても異なっていることがわかる。各人でいじめの規定が異なる上に，メンバー間で見方や立場が異なることにより，同一の現象であっても，それに対するいじめ判断の相違が出てくるのだと考えられる。

　このように，少数の者による指摘は多数あるのに対して，クラス内で広範囲に認知されたいじめ被害者も少数だが存在する。**図表1-1**では，21人以上によって指摘されている者は15学級中7人となっている。これらは一方的に不当な攻撃を受けて苦痛を感じている事態がそこで生じていて，それを多数の者がいじめだと認識しているケースであろう。いじめられていると多数に指摘された者がいるクラスは，少数に指摘された者の数が少なくなっており，そこではいじめられる者が固定していると考えられ，大きな苦痛を感じており，このデータだけで判断しえないが，救済を要するいじめ被害者である可能性が高いであろう。

2） いじめ確定のむずかしさ

1　川上亮一の指摘

　多くの者に認知されているケースを教師や保護者が察知して，ある者が一方的に不当な攻撃行動により苦痛を感じているに違いないと判断して，それをいじめだと学級内で確定しようとしても，そこにはなお困難さがある。まず被害，加害ともに認めたがらないことがある。被害側は仲間への配慮や報復のおそれなどからいじめられたと認めず，加害側は処罰を恐れていじめたと認めようとしないであろう。

　川上亮一は，現場のいじめを確定することのむずかしさについて次のように述べている。

　　いじめは最初から確固とした事実としてそこに存在しているわけではない。それぞれの生徒，教師，親が，それをいじめであると認定したとき，初めて姿を現すものである。しかも，それはそれぞれの立場でまったくちがった様相を呈しており，多数決で民主的にどれかに決めることなどありえない。いじめた生徒がいじめを認めないことなどふつうのことだし，まわりの生徒も，他人に関心が薄いから気がつかないことのほうが多い。とすると，誰かがいじめの"物語"をつくって，それを関係者に押しつけることが必要になってくるわけだ。学校では，教師がその役割を担うことになるだろう。教師がいじめを確認しようとするとき，ある種の力が必要なのは，そのためである。[14]

　たとえ誰かが大きな傷を負ったり死亡したりしたとしても，そこにいじめがあったかどうかは，前述したような要件を満たしているかどうかで判定されることになる。「葬式ごっこ」で有名になった中野富士見中学校事件や山形マット死事件などの裁判において，判決が覆されたりするのはその難しさを示している。

　川上が述べているように，いじめの要件を実際の現象に当てはめてそれをいじめとして表明することは，それぞれの立場で不都合を生じさせることになるので容易ではない。しかしながら，誰かがいじめだと判断してそれをいじめだ

と表明しなければ、その状態はそのまま何事もなく過ぎ去ってしまうのである。いじめられている側の深刻な苦痛を被っている状態を取り除くには、救済のための物語を作ることが必要となる。

　今起きていることがいじめであると確定できず、その時いじめとはみなしえないような場合でも、苦痛を感じているとみなしうる弱者に対しては、それをやわらげる対応をしていく必要があり、その意味でいじめかどうかにとらわれすぎると、かえって問題を見落とす場合があるだろう。

2　いじめの情報を得ることのむずかしさ

　いじめ事件として取り上げられるものの多くは、いじめ被害側の自殺によって判明することが多いけれども、それも大河内君のように詳しいいきさつを書いた遺書でもなければ、学校はいじめに関する情報開示を行わないので、うやむやになってしまう場合がほとんどである。

　自殺したわが子がどのような状態であったかを知りたい保護者が、学校に情報を示してくれるよう依頼しても拒否され、裁判所に訴える場合がある。次の文章は、そうした状況を訴えたものである。

　　わたしたちは犯人さがしやいじめた子たちに報復しようなどということは、全く考えていませんでした。しかし、教員たちはその子たちを楯に隠蔽工作に走り回り、それを批判する私たちを敵視する。教員だけでなく、他の生徒や親たちも教員らの意向をおもんばかって、私たちが知りたいと思っている事実を隠蔽する側にまわる。はじめ私たちに協力的だった生徒や親たちもそうなる。私たち被害者をいじめることに加担する。こういうシステムが学校の中に組み込まれていることを私たちはまのあたりにしました。[15]

　こうしたケースはこれだけにとどまらずいくつもあり、[16] 今の日本の学校が同様の対応をすることがうかがえる。自殺した子どもの親の行動は、わが子のことを知りたいという納得のいく行動である。それに対して、学校側の立場に立ってみると、いじめた生徒も自分たちの生徒であり守るべき存在であり、また

いじめ自殺に伴う責任追及が自分たちを窮地に追い込むこともわかっているので，閉鎖的対応をせざるを得ないということになってしまうのである。

このことから，まず情報公開が進められることが重要である。そしてさらに，いじめに伴う責任問題を明確に規定し，場合によっては一部の責任を免責して，非難中傷合戦になるのを避けることができるようにして，全体的視点からの対処法を見いだす必要がある。そのためには，広くいじめに対する理解が深まり，全体を統括する強力なリーダーシップをとれる人がいること，問題の責任ばかりをあおる報道やゴシップを抑えるなどの処置が必要であろう。そうでなければ，責任回避のための方策ばかりがとられ，実質的進展は見込めないであろう。

以上は，自殺や傷害などの不幸な事件が起きた後のことであるが，現在進行中のいじめの場合も，いじめとして当事者間で確定することは困難なことであろう。

いじめられる側がいじめ加害の攻撃行動に耐えたり，負った傷をたやすく修復できれば，大きな問題とはならず，日常生活の中で発生するいざこざとして処理されていくだけだが，被害側が深刻なダメージを受けた場合や，さらにいじめの続くことが予想される場合に，それを救済したり防止するために物語にすることが必要になるのである。

その意味でいじめ問題とは被害側の救済の認識があって出てくる問題であり，その認識がなければ言説化しても無用なものに過ぎなくなる。逆に過剰反応によって問題のとらえ方が過大なものになると，ちょっとしたことでもいじめだいじめだとモラルパニックを引き起こして，通常の学校生活に支障を来してしまうであろう。

このように，生活の場面でいじめを確定する際には，当事者の立場の違いによる解釈の不一致，その後の非難や責任問題を考慮しての事実確認の困難さなどの問題をはらんで，穏便な解決をむずかしくしている。

1) 藤田英典『義務教育を問いなおす』，筑摩書房，2005年，25頁。
2) ナンシー・アイゼンバーグ，ポール・マッセン（菊池章夫，二宮克美訳）『思いやり

行動の発達心理』，金子書房，1991 年（原著 1989 年），40-46 頁。
3）　竹川郁雄『いじめと不登校の社会学——集団状況と同一化意識』，法律文化社，1993 年，29-30 頁。
4）　朝日新聞 1986 年 9 月 17 日（関西版）。
5）　いじめ判断における苦痛と正当性については，竹川，前掲書，46-55 頁，で言及している。
6）　内閣府編『青少年白書』〔平成 13 年版〕，財務省印刷局，2001 年，165 頁，17 年度版。
7）　ランドバーグ，G.（福武直，安田三郎訳）『社会調査』，東京大学出版会，1942 年，103-110 頁。
8）　ブルーマー，H.（後藤将之訳）『シンボリック相互作用論——パースペクティブと方法』，勁草書房，1969 年，224-239 頁。
9）　Rovert Bierstedt, Power & Progress : Essays on Sociological Theory, McGraw-Hill, 1974, pp. 156-163 この問題については，次のもので詳しく論じている。竹川郁雄「『権力定義』の問題性についての一考察」愛媛大学人文学会『愛媛大学人文学会創立 15 周年記念論文集』，1991 年，11-26 頁。
10）　ピーター・スミス，ソニア・シャープ編（守屋慶子，高橋通子監訳）『いじめととりくんだ学校』，ミネルヴァ書房，1996 年（原著 1994 年），18 頁。
11）　竹川，前掲書，55 頁。
12）　森田洋司・清永賢二『いじめ——教室の病い』新訂版，金子書房，1994 年，3-38 頁。
13）　竹川，前掲書，85 頁。
14）　川上亮一『学校崩壊』，草思社，1999 年，49-50 頁。
15）　前田功・前田千恵子『学校の壁——なぜわが娘が逝ったのかを知りたかっただけなのに』，教育資料出版会，1998 年，5 頁。
16）　他に次のような書物がある。岩崎克己・岩崎寿恵・淡川典子・山本定明『いじめ隠し』，桂書房，1996 年。奥野修司『隠蔽　父と母の〈いじめ〉情報公開戦記』，文藝春秋，1997 年。宇都宮直子『絶望するには早すぎる——いじめの出口を求めて』，筑摩書房，2002 年。これらはいずれもいじめで自殺した子どもの情報公開を求めたものであり，いじめによる自殺がなお発生していることを示している。

第2章　いじめ加害と常識的価値志向

はじめに

　ヨーロッパにおけるいじめ研究の先駆者であるダン・オルウェーズは『いじめ―こうすれば防げる[1)]』の中で，いじめっ子の追跡的研究より，「学校でいじめをしていた生徒が青年期に達した時に，公式の犯罪記録に載るような深刻で常習的な犯罪を犯す割合は，普通の子どもの4倍」だと述べている。アメリカでのいじめ問題も，いじめっ子と後の犯罪との関連が重視されていることを矢部武が紹介している[2)]。彼によれば，ミシガン大学のレオナード・エロンはニューヨーク州の小学3年生（8歳）の中から攻撃性の強い児童25人と弱い25人を選んで30歳までモニターを行ない，その結果，攻撃性の強い児童は30歳になるまでに犯罪者になる確率が高いだけでなく，学問的，社会的，経済的，職業的な達成度が他の児童より低いことを示したという。
　このように，欧米ではいじめた者の犯罪との関連性が大きく問題視されている。いじめ加害の行動が社会的に悪と位置づけられ，将来の犯罪行動に発展するのではないかと考えられているのである。いじめとしてとらえられる現象が加害側の一方的な攻撃行動である限り，そのように考えるのは当然のことであるが，日本においては必ずしもいじめ加害を悪と考え，犯罪との関連性について考慮されていない。日本ではどちらかと言えばいじめ被害側に対して，学校カウンセラーを配置して相談に応ずるとか，他の校区に転校するのを認めるなどの対応が取られている。
　本章では，このように欧米とは対応が異なるいじめ加害側の問題について考

える。いじめの国際比較調査のデータは文化圏の相違を示す有力情報であり，ここではいじめ加害経験の割合と手口，およびいじめをする時の人数について検討する。

そして，それらをふまえつつ，日常生活における攻撃性の表出という観点からいじめ加害をとらえ，いじめを生む優位的関係性がつくられる状態とその背後にある常識的価値志向について言及する。

1　いじめ加害の実態

筆者は，『児童生徒のいじめの生成メカニズムとその対応に関する総合的調査研究』（研究代表者　森田洋司）（平成8～9年度科学研究費補助金）（基盤研究（A）〔1〕），および『いじめ／校内暴力に関する国際比較調査』（研究代表者　森田洋司）（平成8～10年度科学研究費補助金（国際学術研究））に研究協力者として参加し，「いじめ加害」に関するデータについて考察を行った。調査方法等については，上述の報告書に詳しく記載されている[3]。

ここで，調査概要について簡単に述べておくと，質問紙調査を実施し，有効対象者は日本—全国の小学5年から中学3年までの各50学級6906人，イギリス—イングランド地方の19校2308人，オランダ—小中学校27校1993人，ノルウェー—ベルゲン市の259学級5171人で，実施期間は1996年12月～1997年7月であった。

1）いじめ加害の実態

まず，いじめ加害経験の割合についてみておこう。

図表2-1は国際比較調査においていじめたと回答した者の各国別比率である。日本が最も少なく，次に少ないのがイギリス，以下順にノルウェー，オランダとなっている。

いじめたと自ら記入することは，実際に対人関係のもめごとが生じて，それをいじめだと認識し，その中で自分が加害行為を行ったことを自覚しているこ

図表 2-1　各国別いじめ加害経験の割合
(%)

日本	イギリス	オランダ	ノルウェー
18.0	25.0	48.3	27.0

とが必要である。従って，日本で低いのは，対人関係のもめごとそのものの発生が少ないか，ある状況をいじめだと認識するのが少ないか，いじめる側がいじめたと意識する者が少ないということになる。日本ではいじめ問題がマスコミによって頻繁に報道されており，また学校でも先生や保護者がいじめ問題に神経をとがらせており，その点からいじめだと認識する機会や自分がいじめていることを意識する機会は多いと考えられるので，いじめ現象そのものの発生が少ないとみなせるだろう。このことは，本調査で論じられているいじめ被害の実態からもうかがえる。[4]

　いじめは他者への不当な攻撃行動であり，暴行，傷害，恐喝といった犯罪に結びつく場合も多い。日本のいじめ加害経験の割合が他の国に比べて低いということは，日本が先進諸国のなかでも犯罪の少ない国であることと関係していると考えられる。

　欧米社会に比べて犯罪の少ない社会を生み出した要因について瀬川晃は種々の要因を指摘しているが，[5] その中でいじめ加害の発生と関連すると考えられるのは，日本において家族関係の絆や地域社会の結びつきが強く，また学校や職場で拘束される時間が長いために，自制心や相互監視や帰属心が強く，インフォーマルな社会統制が機能しているということであろう。

　この点に関して，宝月誠はインフォーマルな統制の中で，特に親の愛着を通じての統制が非行抑制に有効であり，津富宏の調査によっても確認されていると指摘している。[6]

　いじめ加害経験の割合が低いことについては，ひとまずこのような要因をあげることができようが，なお探究を要する問題であろう。

第 2 章　いじめ加害と常識的価値志向　21

2) いじめの手口について

　次に，それぞれの国ではどのようないじめの手口がとられているのか，見てみよう。5種のいじめ加害の手口の比率について，男女別に示したのが**図表2－2**である。各国別にみると，いじめ手口の回答頻度には大きな違いがみられる。

　オランダはいじめ加害経験の割合が4か国中最も高かったのだが，いじめ加害の手口においてはすべてが高いというわけではなく，かなりのかたよりがみられる。それについて見ると，オランダの児童生徒が4か国中で最も高い比率を示している手口は，「金品をとる・こわす」と「悪いうわさを流す・持ち物に落書きをする」である。「金品をとる・こわす」は，男子で29.2％と他の国と比べて非常に高い。いじめたと回答している者の中で約3割が，恐喝や器物損壊のいじめをしたと回答しており，犯罪的いじめの多発をうかがわせる。

　オランダでの比率の低い方をみてみると，「無視する・仲間はずれにする」において男女ともに最も低くなっている。また，男子だけであるが，「悪口を言う・からかう」と「たたく・ける・おどす」の比率が4か国中最も低くなっており，いじめ頻度の全般的に高いオランダでは，いじめ加害は限られた手口により行われているようである。

　ヨハン・ユンガ・タスとジョン・ケステレンは，オランダでの調査票に非行行動に関するものを7項目加えて，いじめと非行行動との関連性を探っている。彼らによると，「いじめ加害者は非加害者と比べ，犯罪を犯すことがかなり多く，タバコ，酒，マリファナを使うことも多い。この調査結果は，いじめはより広義な意味での反社会的傾向の一部を成すということを示唆している。[7]」このように，いじめ加害が非行や犯罪との関連性が強いことを指摘している。

　前述したように，日本のいじめ研究において，このような関連性の有無はほとんど問題視されていない。そもそもそのような視点がないともいえる。いじめ自殺が発生し，いじめ加害の少年が特定されて彼らの経歴を調べても，非行経験のない場合が多く，いじめ加害の攻撃性や犯罪性を一過的なものとみなす

図表2-2　男女別いじめの手口

(％)

		日本	イギリス	オランダ	ノルウェー
悪口を言う・からかう	男子	88.9	88.1	71.0	72.7
	女子	76.1	90.7	72.6	63.1
無視・仲間はずれ	男子	41.5	32.8	29.2	34.9
	女子	68.7	50.0	41.2	48.1
たたく・ける・おどす	男子	41.8	40.3	27.5	31.5
	女子	12.4	24.1	15.3	11.2
金品をとる・こわす	男子	7.4	5.5	29.2	5.3
	女子	2.8	5.1	22.4	1.9
悪いうわさを流す・持ち物に落書きをする	男子	16.2	25.0	34.1	17.6
	女子	18.2	25.1	55.0	17.1

傾向がある。

　日本において、4か国中最も高い比率を示しているものは、男子では「悪口を言う・からかう」、「無視する・仲間はずれにする」、「たたく・ける・おどす」であり、女子では「無視する・仲間はずれにする」である。

　日本は男女ともに、「無視する・仲間はずれにする」が4か国中で最も高い比率を示しており、いじめによる攻撃を加える際、日本の児童生徒は、無視をしたり仲間はずれにする手口によって行うのが多いことを示している。これはなぐるけるなどの積極的な攻撃行動ではなく、対人関係を平常の通りふるまわないことによって、苦痛を感じさせる消極的な攻撃行動であり、前後の脈絡や対人関係の状態を知らなければなかなか見えてこないいじめの手口である。

　前にみたように、日本のいじめ加害の比率は4か国中最も低いので、いじめる側のデータから判断する限り、いじめの発生頻度は低いとみなせるだろうが、その中で「無視する・仲間はずれにする」手口などによるいじめ加害が、他の国に比べて高い比率で行われている。このあたりに、日本の児童生徒のいじめ加害の特徴がみられるようである。

　全般的にみて、日本の特徴に近いのは、イギリスである。ノルウェーはどの手口の比率も低く、オランダは4か国中もっとも独自の傾向を示し、直接的い

じめの多発をうかがわせる。

　次に男女差の大きいいじめの手口に注目してみよう。4か国のデータを見てみると，男女間で最も差の大きいのは，日本の「たたく・ける・おどす」（29.4％）である。この手口の差はどの国も大きいのだが，日本の男子がきわだって高いために最も差が大きくなっている。次いで男女差の大きいのは，日本の「無視する・仲間はずれにする」（27.2％）である。これは，他の国に比べて女子の比率が高いためにこのような違いとなっている。

3）クラスの中で自分は好かれているか

　日本の児童は他の国と比較して，いじめ加害の手口における男女の違いが大きいことがわかる。日本では男子のいじめ方と女子のいじめ方がかなり違っているのである。この男女差について考察するために，クラスの他の人たちにどれだけ好かれているかを男女別に示したのが図表2-3である。

　これを見ると，好かれていないと思っていることが「まったくない，あるいはめったにない」と回答している者の多い順は，男子でノルウェー，日本，イギリス，オランダであり，女子でノルウェー，イギリス，日本，オランダである。男子と女子でイギリスと日本の順が異なっているが，それ以外は同じ順になっている。クラスの中で自分は好かれていると思っている者の割合が高いのはノルウェーの男女で，低いのはオランダの男女である。日本とイギリスはその中間に位置している。

　しかし，男女間の差をとって各国比較してみると，日本の男女間の差がもっとも大きくなっている。これより，無視をしたり仲間はずれにするいじめの手口だけに限らず，日本の児童生徒の男女間の意識の違いが他の3国に比べて大きいことがわかる。ここでは，クラスの中の対人間の良好度にそれが現れている。女子の方が，クラスの中で自分は好かれていないという意識を持つ傾向があることを示している。

　このような差が生じるのは，文化的な性別意識の違いが大きいために生じるのだと考えられる。日本においては，男の子らしさ，女の子らしさにかかわる

図表2-3　クラスの中で自分は好かれているか

(%)

		日本	イギリス	オランダ	ノルウェー
好かれていないと思うこととは「まったくない」と「めったにない」の合計	男子	61.5	59.1	56.3	75.4
	女子	45.6	54.4	42.1	69.5
	男女差	15.9	4.7	14.2	5.9

行為様式や思考形式にかなり明確な違いがあって，性別役割規範の二重化が生じ，それをふまえて集団内の対人観やいじめの手口が決まってくるのだと考えられる。

4）いじめた時の人数

いじめ加害を行った時の人数について男女別に示したのが図表2-4である。4か国の全体では，いじめ加害の際，男女とも半数近くが「2〜3人」でいじめたと回答している。その傾向は，ノルウェーの男女で最も強く現われている。

男子についてみると，いじめ加害時の人数は日本以外の3か国において最も多いのが「2〜3人」，次いで「1人」，そして「4〜9人」「10人以上」となっている。特徴が見られるのは，日本の児童生徒のいじめ加害時の人数である。男子は「1人」でいじめたという回答が4か国中最も高く，また「4〜9人」でも最も高くなっている。また，「10人以上」もイギリスに次いで多い。つまり，他の国と比較して，日本の男子児童生徒においては，いじめた人数は分散し，いじめ加害行為は少人数でも多人数でも行われる傾向がある。

それに対して，日本の女子は「1人」および「2〜3人」で4か国中最も低く，「4〜9人」及び「10人以上」で最も高くなっている。オランダの女子は，「10人以上」が非常に少なく，またイギリスやノルウェーにおいても「10人以上」でいじめたと回答しているのは少ない。このように，日本の児童生徒の女子は，他の国に比べて多くの人数でいじめる傾向がみられる。

前述したいじめの手口において，日本の男女間で違いが大きいことを指摘したが，いじめ加害時の人数においても男女間の違いが他の国に比して大きくで

図表2-4　男女別各国別いじめ加害時の人数比率

(%)

	日本	イギリス	オランダ	ノルウェー
男子1人	33.6	27.1	27.6	25.5
2～3人	32.2	42.1	48.9	56.4
4～9人	29.7	24.3	22.2	17.1
10人以上	4.5	6.5	1.3	1.0
女子1人	14.1	18.5	20.1	14.4
2～3人	36.2	56.7	53.9	63.1
4～9人	40.5	21.8	25.5	19.6
10人以上	9.2	2.9	0.5	2.8

ている。いじめの手口やいじめる時の人数において，ヨーロッパの国と異なる傾向が見られるということは，いじめの表出の仕方の日本的なことをうかがわせる。以下，そのことを考慮に入れて考察してみよう。

2　攻撃性と日本のいじめ加害

1）　ギルモアの攻撃性議論

　いじめ加害はいじめられる側に危害を加えて苦痛を感じさせる行動であるから，攻撃性の表出のひとつとみなしうるだろう。人間の攻撃性については種々の説が出されており，日本ではいじめによる自殺や殺人事件が生じた際，より妥当だと考えられている説を当てはめて説明されるのが現状である。
　いじめを攻撃性の視点でとらえようとする際，デビッド・ギルモア（Gilmore D. D.）の議論が参考になる。ギルモアは日常生活への攻撃性の組み込みという視点から，スペインの小さな町アンダルシアの人々の生活状態を分析している。
　ギルモアによると，攻撃は逆説的に社会的に建設的なものとなりうるのであり，有用な社会的効果をもたらすために攻撃が集団の外に向けられたり気前よさに変えられたりするという。この攻撃行動はそれぞれの文化によって特定の内なる標的に誘導され，異常行動や逸脱行動によって集団の自己管理や文化的

統一を脅かす人物が標的となる。社会構造や外部にある政治権力が集団の安定を保証し得ないような，小さな伝統的な共同体の枠内において，このように発動された攻撃が，重要かつ不可欠な社会的矯正力となっているのだと主張している。

このような視点からギルモアは，アンダルシアの町における人々の日常行動を詳細に観察し，攻撃の手段として，ビト（罵倒や侮辱），ゴシップ，品位を傷つけるあだ名，カーニバル（儀式的闘争），マチスモ（性的攻撃），まなざし（絶えざる監視）をあげている。たとえば，ビトははずかしめの伝統的儀式であり，再婚したやもめや性的放蕩者など，町の道徳規範や倫理を犯した者たちが風刺セレナーデ（民衆の侮辱や罵倒）によって処罰されるのであり，この民衆による愚弄の攻撃的な懲罰儀式は，違反者が屈服したり町を出ていったり息絶えるまで続いたという。

ギルモアによると，アンダルシアで行使される攻撃行動は，逸脱を抑止し，伝統的道徳秩序を妨害するものを排除する。攻撃は向きを変えられ，転換され，変形されはするが，別物に変えられるわけではない。攻撃は依然として攻撃である。だが，それは集団の矛盾に満ちた愛と集団の価値観・伝統への道徳主義的執着として甘受され表明される。このような形で，攻撃行動は伝統的秩序を維持するために日常生活の中に組み込まれているのである。

このようにギルモアは，アンダルシアの人々の生活を彼らの文化様式にあった攻撃性の日常化という視点から考察している。アンダルシアの町の人々によって行われるビト，ゴシップ，あだ名の命名は，言葉による比較的軽い攻撃手段であるが，町の大方によって執拗に繰り返されることで，共同体の秩序維持装置として作用することになる。

日本において無視や仲間はずれによるいじめの手口が多いということは，攻撃性の表出がそうした日本的な様式をとって，日常の生活の中に組み込まれているととらえることができるだろう。日本の児童生徒により行われることの多い無視や仲間はずれの場合，そこでの行動は積極的な行動ではなく，日常生活の中のあるべきものを欠如させることにより行われる加害行動である。つまり

仲間と会話をするとか，一緒に遊ぶとかいった日常の普通の行動が当然行われるはずだという前提があって，それを意図的に忌避することによって，攻撃行動が表出されるわけである。従って，そうした攻撃のスタイルは，日常行われる習慣的に蓄積された人間関係の行為様式や思考方法にのっとって行われることとなる。

　ギルモアのアンダルシアでの分析に従って考えてみるならば，日本の児童生徒により行われることの多い無視や仲間はずれは，共同体や仲間集団の流れをうまく利用する形で行われる攻撃行動であるとみることができる。

2） いじめ加害の扱われ方

　教室でいじめに対応する時，いじめられる側にも問題があるという意識が教師にも親にも強いといわれている。しかしながら，いじめはいじめる側の不当な攻撃行動そのものを指しているのであるから，いじめる側にこそ問題があると考えなければいけないはずである。「娘をいじめていた子は罪の意識もなくのうのうと過ごし，普通に就職して「立派な社会人」と評価されています。結局悪賢い人間ばかりが得をするようにできているのでしょうか。」（朝日新聞1997年5月19日）と扱いの不公平さを嘆く新聞の投書が現われることとなる。

　このことは前述したように，海外のいじめの議論を見た時に，その違いが明確になる。海外ではいじめ行為は犯罪に連動するものとして危険視され，なによりそれ自体が悪として，いじめ加害を行った者に対して，強制的に転校させるなど厳しい対処がなされている。

　ところが，日本では事情は全く異なり，いじめっ子はその加害行動が犯罪だと認定されない限り，まず処罰されない。いじめられる側の悲鳴は新聞の投書など随所で聞かれるが，それに相応するいじめる側の残虐性や非道徳性は明らかにされることはない。いじめへの対処法として，せいぜいいじめられっ子の転校を認めるとか，学年ごとにクラス替えを行うといったことがなされる程度である。

　いじめる側は集団の中で優勢な立場にあって，いじめていることを巧妙に隠

蔽したり，あるいは全体の雰囲気を自分たちの方に取り込んで，自分の方に向けられる非難をかわせる位置を確保していたりする。また，ふざけやからかいの気持ちからかなりの加害行為をしていても罪悪感を感じないなど，いじめる側の残虐性や暴力性が集団の状況の中で顕在化しないこともある。時には教師や親なども味方に引き入れて，いじめられる側にこそ問題があるという意識を蔓延させてしまうのである。

こうした状態になることの背景に，集団全体の流れにうまく適応でき協調的に活動できるということがなによりも評価され，善悪のけじめをしっかりつけるという発想が弱くなってしまうことがある。

日常生活の中で，いじめを可能にし，そのことを集合的に黙認させてしまう優位的関係性が作られる局面について，次に考えてみよう。

3　いじめを生む優位―劣位関係と常識的価値志向

1）優位的関係性が作られる段階

いじめ加害がなぜ相応の制裁措置を受けずにやり過ごされてしまうのか，5つの段階に分けて考えてみよう。

1　日常生活（普段の対人関係）

普段の生活におけるいじめ発生以前の段階である。学年が同じ子どもたちであっても，個人間の差異は少なからずある。従って，違った個性を持つ生徒が互いに啓発しあって成長していく場合もあれば，いろいろな面で優劣差が生じ激しく競い合う場合もある。

時には圧倒的な優劣差となる場合もあり，強い不均衡関係が生じることもあるだろう。その時に常にいじめが生じるわけではなく，優位な者が劣位な者を支援する援助行動となる場合もあるだろう。優劣関係の視点から見れば，対人関係の状態が時々刻々と変化する中で，優劣関係も変化しつつ，次第に固定的

な力関係に収斂していく。親密なグループの中でボス，参謀，兵隊，ピエロ役，使い走りといった役割分担が作られ，強い優劣関係がメンバー内でできあがる場合もある。

2　いじめの発生（加害者―被害者）

　いじめが実際に成立する時である。それは暴力的であれ，心理的であれ，被害側が攻撃行動を受け大きな苦痛を感じた時である。日常生活において固定的な優劣関係ができていても，先生に見つけられる，その場をうまくかわされて逃げられてしまうなど，いじめにならない場合もある。いじめは，標的となる者が大きな苦痛を感じないと成立しないわけである。

　対等な関係のもとでは，一方が苦痛を感じてもいじめではなく，けんかやもめ事となる。体力面での優位性であれ，暴力が容認されない集団での話術に秀でていることであれ，一方的な不均衡関係のもとで起こる攻撃行動がいじめである。

3　いじめの理由づけと継続（加害者―被害者）

　加害側が被害側にたとえ荒唐無稽な理屈であっても，理由付けを行っていじめをむりやり納得させ，他の者に助けを求めないようにしたり，いじめられ続けることを受容したりする際の優位的関係である。

　いじめられるのは，自分の存在や欠点のせいだと被害側に思いこませることができれば，被害者の声を封じ込めることができる。児童生徒は思春期の自己確立期にあり，自分の欠点や性質に対して過度に自己批判的であるため，不当な攻撃を受けても他者の助けを求めようとせず，自分の内なる問題としてとらえがちである。また，ずっと今の学校生活が続いていくことが予想されると，被害側がいじめを甘受して少しでも苦痛をやわらげたいと考え，加害側の意向にそう行動をとる場合もある。そうなればいじめる側にとっては好都合である。[9]

4 いじめ加害側の非難防止処理（加害者―周囲）

　自分が加害行為をしたことを非難されないよう周囲に配慮する。仲間集団の他のメンバーが受容するだけでなく，先生や保護者に対しても，たとえば顔をマジックで塗られているのはじゃんけんゲームで負けたからだと，ゲームの一種にしてしまう非難回避工作がとられる。

　学級集団や仲間集団でボス的存在となっている者は，第1段階の日常生活において，他のメンバーに対し優位な関係を日頃から作っており，先生や保護者にチクったり（告げ口したり）しないよう圧力をかけることができる。仲間集団が緊密であれば，インフォーマルなルールとしていじめを公言しないことといった結束事項が暗黙的にできあがり，いじめ加害への非難防止網ができあがる。

5 学校関係者による外部の者への対応（学校関係者―外部）

　いじめに関する大人の対応をみてみると，その扱いの経過において意図的になされるわけではないが，いじめの加害者に対して被害者よりも慎重に対応し結果的に手厚く扱われがちである。いじめっ子の親はわが子への保護意識からいじめ加害を認めようとしない場合や，けんか両成敗的な主張をして非難をかわそうとする場合がある。

　校長を中心とする学校側は，いじめを報道する側の姿勢，学校を監督する教育委員会や文部科学省の方針，子どもを守ろうとする親やPTAの要求に応じて，いじめ事件への対応を迫られるが，加害者の人権を重視するあまり加害者をかばいすぎるという傾向があった。これは，保護者の強いバックアップによる場合もあるが，いじめ加害側の児童生徒が，いじめ問題に限らず，日頃から学校生活において優位な立場を得ているためだと考えられる。

　また，事後的にも，いじめ問題はその地域には醜聞となるので，やっかいごとを提起する者としていじめ被害側に非難の目がいくことも，相対的に加害側が優位に位置づけられる原因であろう。いじめ問題が発生した地域住民は，学校関係者と共にこれ以上世間で騒がれないよう，なし崩し的にいじめ問題を解

消しようとする場合が多い。地域の平穏を乱す行為は顰蹙をかうが，いじめ加害側が特に目立たない以上被害側が沈黙すればそれで収まるではないかという思考がはたらくのである。こうした地域閉鎖主義とでもいうべき慣習が，いじめ加害側に応分の対応をすることを妨げている。

2） いじめと常識的価値志向

最初に述べたように，海外のいじめ研究事情を見てみると，いじめを犯罪と結びつけて考える傾向が強いのであるが，日本では「いじめは悪である」という断固たる発想が弱いように思われる。いじめを犯罪と同様の視点で判断せず，日常生活における集団や対人関係の中で捉えようとする。それぞれの状況に応じて個別的に判断しようとするのである。そのため，いじめられる側にも相応の悪いところがあるという考えが入り込みやすい。教室で先生がいじめる側といじめられる側の双方を対話させ，和解のしるしとして握手させてそれで解決したと判断するようなことが行われたりするのである。

こうしたことの背景には，集団全体の流れにうまく適応でき，人と人との関係を大切にし，協調的に行動できるということがなによりもよく評価されることがあり，そのことが重視されるあまり善悪のけじめをしっかりつけるという発想が弱くなってしまうことがある。日常生活の中でいじめを対人関係や集団における感情的もつれの一つの現象形態ととらえ，集団への協調の視点からはずれている者を不適応者として扱う傾向があるので，いじめる側がいじめの偽装工作をするなど巧妙な方策でうまく対処するならば，加害行為はそれほど非難されず，いじめられる側が苦痛を甘受せざるを得ない状況が集合的に黙認されてしまうのである。

そうした状況が作られてしまう要因の一つとして，普段の日常生活に底流する常識的価値志向をあげることができる。折出健二は「教育の構造的な矛盾」という表現で，「多くの教師がその矛盾を生み出すシステム（制度）の側に立ってものごとを考え，価値観をつくり，子どもを見ているのであり，一人ひとりが，また教職員集団が，自覚的に子どもにおける心の揺れや苦悩を見ようと

しない限りは，システムの側の目で子どもたちを「よい子」かどうかで判断してしまうからではないからではないだろうか」と述べている。[10]

今日様々なメディアによって膨大な情報が発信される情報化社会において，一見多様に見えるが表面に現れないまま，人々の間で共通によいとされる価値志向が形成されていて，それが集団行動全体の流れを左右し，その方向に合致するような行動が選択されて日々の出来事が進行していく。日常生活の感情的ないさかいによる一方的攻撃現象の局面において，いじめ加害の方を知らず知らずのうちに容認してしまうことが生じるのは，日常生活におけるこうした常識的価値志向が作用し，その目で見てしまうため，優位ないじめ加害側の立場を支持してしまうのである。

そのような常識的価値志向はいくつもあるだろうが，特にここで問題とすべき児童生徒の生活環境に関わるものとして，明朗あるいはネアカ，ユーモアあるいは饒舌，要領のよさあるいは迅速性，清潔あるいは健康をあげることができるだろう。次にそれらについて言及する。

1 明朗あるいはネアカ

明朗といえば，「明るく朗らかなこと。またうそやごまかしがなく，明るいこと。」(『広辞苑』第5版)であり，無条件にプラス価値を持ち，誰もがそうありたいと思う性質である。けれども，この明朗への要求が強くなると，他者に対して与える明るさの印象への必要性ばかりが強くなって，自分は明るい性格の人間であることを強調しようとするネアカブリッ子の行動となる。

このようなネアカへの印象操作的行動は，現代の若者の重要な行動指針となっている。彼らにおいてはそのようなネアカと関連して，ノリのよさの追求が重要だとみなされる。ノリのよさとは，好印象を与えるようなある行動への活発さのことである。ノリのよさを示せるような行動をとることがグループ内の評価基準となり，善悪や道徳判断のよしあしはお構いなしに，ノリのよさが追求されていく。その結果，一方的に不当な攻撃行動が，ノリのよさを示すネアカの行動として行われたりすることとなる。

また，明朗さは普段から好印象を抱かれやすいので，先生や大人から好意的に扱われる関係を形成しやすい。そのためいじめのある状態では加害側に明朗な印象が抱かれていることが多いので，そちらの方に加担した判断をくだしやすくなるのである。

2　ユーモアあるいは饒舌

　明るさが顔の表情を中心とした身体全体から発する好印象であるとすれば，ユーモアあるいは饒舌は，発話表現によるある種の好印象化行為である。機転のきいた発話行為や説得力のある弁舌は，他者と友好な関係を結びやすく，自己の立場を優位な位置に置くことのできる便利な手段である。

　ユーモアは笑いと結びつくことが多く，この点に関して，根本茂は子どもの成長には笑いが必要であり，「幼児期にふざけなかった子どもは，その時期に必要な心の栄養を欠いて，人格形成上重大な問題を後に残すだろうし，微笑みを知らぬ子どもはまじめなのではなく，むしろ感情が貧しいのだ」と述べている。そして今日の若者は，「悪ふざけがもてはやされる世相」であり，まじめが賞賛されず，逆にさげすまされる状況が出現していることを指摘している。[11]

　機転のきいた発話行為や説得力のある弁舌は，いじめの場合にも自分の立場を有利なものにする最上の手段であろう。仲間うちであれ，先生や親との話し合いであれ，ユーモアや饒舌さがあれば，いじめ加害の非難をうまくそらすことができるであろう。また，普段からそうした能力を発揮していれば，そのために一目置かれる存在となり，いじめ加害への非難をしにくい状態ができあがってしまうのである。

3　要領のよさあるいは迅速性

　ここであげる要領のよさあるいは迅速性とは，主に時間に関する価値志向を指し，時間の流れの中でてきぱきとものごとをすみやかに処理していくことを意味している。多量の情報が飛びかいさまざまな活動がとり行われる現代社会においては，複雑なスケジュールのもとに多かれ少なかれ誰もが時間的制約を

受けて生活している。時間の拘束を受けない社会的活動はないと言ってもよいであろう。児童生徒が学習や仕事などをうまくこなす手順やこつを心得ているということは，それだけで周囲の者から，そして先生や保護者から高い評価を受けることになる。

逆に，動作がのろい，必要な作業に時間がかかる，いくつもある作業を連続して処理できない，作業の仕方が雑でやり直しが多いなどということになると，そのような人に対しては低い評価が下されることになる。時間に対するこのような志向は，幼少の頃から大人に養育されて生活しているうちに，知らず知らずに身についていく社会化の一面であるといえるだろう。

特に集団活動の場合には，リーダーとなる人が多くの者に指図して統率よくメンバーを率いていくことが目指され，周囲の者と比較して相対的に作業が遅かったり，確実でなかったり，できあがりの印象が悪かったりする者がいると，劣位の評価を下しがちであり，それがある者に固定してくると，集団内いじめへの前提条件を構成することとなる。

4　清潔あるいは健康

清潔あるいは健康は，それぞれ異なった価値を示すものであるが密接に関連しており，ここではひとまとめにして考える。それらにはばい菌あるいは汚れを取り除いて身体が病理状態に陥らないための衛生上の状態を指す場合と，そうした物理的状態とは別に体調のよさや清浄感を抱かせる感覚的な状態を示す場合とがある。病原菌駆除や不快臭対策として，抗菌グッズ，殺菌剤，消臭剤などのコマーシャルがマスメディアによって大量に流されると，清潔や健康のイメージが強化され，人々の関心に清潔あるいは健康のイメージ追求ということが大きな位置を占めるようになり，あらゆるものへの無菌化志向や潔癖癖が強くなる。

清潔は，現代人に強く要請されている価値志向であるといえるだろう。しかし常に要求されていたわけではなく，ジュリア・クセルゴン（Csergo J.）によれば，フランスにおいて18世紀まで皮膚の垢は日常的な風景の一部であり許

容されていたという[12]。クセルゴンは身体衛生が人々に強制されるようになったのは，医学的な理由だけでなく社会的，政治的な理由もあったことを論じている。

　現代日本においては，過剰とも言えるほど清潔に関する情報や商品が氾濫している。確かに清潔にすることは，病原菌の駆除や身体機能の維持などに有効であるが，1日に何度も洗髪をする朝シャン・ガールや顔の油っ気を異常に嫌う清潔ボーイなど，過敏清潔症候群あるいは不潔恐怖症の状態になるならば，逆に人体にとって有害な志向性となる。鹿島茂は過剰な清潔へと駆り立てているのは，心の中身が，外見とりわけ外部に露出している肉体の清潔度から判断されてしまうのではないかという恐れによるのだと指摘しており，身体への有害性だけでなく，対人関係など社会面においても支障が生じるであろう[13]。

　こうした関心の高まりに注目して，清潔や健康を中心とする議論は近年活発に行われており，主に清潔や健康に対する過度のこだわりを見直すないしは批判する議論として展開されている。たとえば，野村一夫は，「衛生」「養生」「清潔」「健康」「健全」「スリム」「スポーティ」「癒し」をキーワードとしてあげ，人々は健康を語ることによって健康文化を構築し，それによって拘束されることになり，したがってそうした言説の自己言及性に着目することが重要であることを指摘している[14]。

　児童生徒を取り巻く生活環境においても，清潔あるいは健康を望ましい価値として，そのもとに一元的に判断しようとする志向がさまざまな局面で作用している。「トイレに行けない子どもたち」というテーマで紹介されている事例では，子どもたちには排便が人間にとって汚い行為であるという認識が広まり，学校で「うんちする」ことがいじめの原因になっているという。藤田紘一郎はこうしたいじめの背景にあるのが過剰な清潔観念だと述べ，さらに，その親も潔癖癖にとらわれていることを指摘している[15]。

　上述した4つの常識的価値志向は，児童生徒の生活実践の中では相互に関連しあって現代的な生活価値観を構成している。明朗に振る舞うということは，発話行為としてユーモアのある発言をすることが含まれるであろうし，てきぱ

きと要領よくものごとをこなしていくことが今日的な明るさの印象を与えるであろう。また，清潔や健康のイメージも明朗さと結びつきやすいであろう。

おわりに

　これらの常識的価値志向は，現代日本社会において日常生活のさまざまな面を方向づけていると言ってもよいだろう。児童生徒による仲間集団内の行動基準や評価基準を方向づけしているばかりでなく，彼らを指導あるいは管理する大人の間でも，暗黙的に前提とされている価値志向となっている。従って，これらの価値志向は一般によいことであるとみなされ，そうした行動を多く取れる児童生徒は，先生や保護者から「よい子である」とプラスの評価が与えられやすい。先生や保護者にとって，何かと扱いやすいからである。

　それに対して，不潔，のろま，ネクラ，しゃべりべたの行動を多く取る，ないしはそのような印象を与える児童生徒は，そのことによって周囲の大人に嫌悪感を呼び起こし，相互作用におけるマイナスの構えができてしまう。そうなると児童生徒間でもめごとが発生すれば，すでにできている枠組みで対応がなされることとなり，公平な扱いはできないであろう。優位―劣位関係が成立することとなり，いじめの前提条件が構成される。

　こうした価値志向を重視するあまり，学校空間内に対人間の優位―劣位関係を発生させてしまい，それにうまくのっかって行われるいじめ加害に対し，厳しく対処できない，場合によってはそちらの方に加担してしまうといった，状態になってしまうのである。

　確かにアメリカのような勧善懲悪型の対処法では，いじめ加害行為を悪と決めつけ断固たる処置をとることができよう。しかし，攻撃性が日常生活空間の中に組み込まれており，ごく一般的に不当な攻撃行動が行われる日本の場合，そうした断定型の判断は通用せず，普段の生活そのものを見直すところから出発しなければならないであろう。

　上に述べた価値志向はそれ自体望ましいものであるが，行き過ぎて追求され

ると病的な状態に陥ったり，評価的な判定を行うことで優位，劣位の関係を作り出してしまうことが問題なのである。そうしたことは，一人の担任によって作られる学級王国で発生しやすく，その意味からも複数の教員によって学級運営されるのが望ましいであろう。

　これら以外の常識的価値志向として，まじめあるいは勤勉をあげることができるだろう。まじめあるいは勤勉は伝統的な常識的価値志向であり，これまで学校での望ましい理念として十分な影響力を持っていたが，それらの弱まりや崩壊が指摘されている[16]。上で述べたような常識的価値志向が広がったことによって，規律への几帳面さや忍耐を要求するまじめあるいは勤勉は，明るさやユーモアの印象とは反対の暗さ，頑固さなどと結びついて，敬遠されるようになっていった。

　問題は，まじめあるいは勤勉が伝統的な価値志向として正義や道徳的なものと結びついているために，そうした正義や善悪的見方よりも他者や集団に対して好印象を与える常識的価値志向が優位に扱われることである。明らかに悪い行為だとわかっていても，今日的な常識的価値志向の方が優位になって，他者への好印象や集団全体の意向をねらって，いじめなど不当な行為を行ったり許容してしまうのである。

1）ダン・オルウェーズ（松井・角山・都築訳）『いじめ—こうすれば防げる』，川島書店，1995年（原著1993年），57頁。
2）矢部武『アメリカ発いじめ解決プログラム』，実業之友社，1997年，95頁。
3）この研究は次の形でまとめられている。森田洋司監修『いじめの国際比較研究—日本・イギリス・オランダ・ノルウェーの調査分析』，金子書房，2001年。本章は，筆者担当の第9章を加筆したものである。
4）いじめ被害については，いじめ加害と同様日本が低いという傾向が見いだされるが，長期にわたって頻繁にいじめられる「長期頻回型のいじめ」において，日本が他の3国より多くなっており，いじめが深刻なものになりやすいことを森田は指摘している。森田，前掲書，2001年，37-43頁。
5）瀬川晃『犯罪学』，成文堂，1998年，31頁。
6）宝月誠「現代日本社会の逸脱とコントロール」宝月誠編『講座社会学　逸脱』，東京大学出版会，1999年，1-34頁。

7) ユンガ・タス J., ケステルン J. V.「オランダのいじめ」『いじめ／校内暴力に関する国際比較調査』(平成8〜10年度科学研究費補助金研究成果報告書), 1999年, 43-95頁。
8) デビッド・ギルモア(芝紘子訳)『攻撃の人類学』, 藤原書店, 1998年(原著1987年)。
9) 中井久夫はいじめる側からの巧妙な過程を,「孤立化」「無力化」「透明化」の3段階に分けて詳細に説明している。中井久夫『アドリアネの糸』, みすず書房, 1997年, 2-23頁。
10) 折手健二『子育て・教育　とも育ち　いじめ克服と自立』, 中国新聞本社, 1996年, 59-60頁。
11) 根本茂『いじめを越える教育』, 信山社, 1996年, 31-32頁。
12) ジュリア・クセルゴン(鹿島茂訳)『自由・平等・清潔―入浴の社会史』, 河出書房新社, 1992年(原著1988年), 50-51頁。
13) クセルゴン, 前掲書, 297頁, 鹿島茂, 訳者あとがき。
14) 野村一夫「健康クリーシェ論」佐藤純一・池田光穂・野村一夫・寺岡真悟・佐藤哲彦『健康論の誘惑』, 文化書房博文社, 2000年, 36頁。
15) 藤田紘一郎『日本人の清潔がアブナイ』, 小学館, 2000年, 56-87頁。
16) 千石保『まじめの崩壊』, サイマル出版会, 1991年, 13-67頁。

第3章 いじめと児童生徒の集団形成

はじめに

　本章では，いじめを児童生徒の集団形成とのかかわりにおいて考える。学齢期児童生徒，特に小学校6年生から中学校2年生の頃は，親に依存していた状態から大人に向けての自立を目指して，集団形成を行う時期である。いじめが深刻化していく背景的要因のひとつとして，大人に向けて精神的に自立していこうとすることから，集団形成を行って結束したり自己主張したりすることがあげられる。

　こうした子どもの成長に伴う発達課題については，発達心理学や教育学の主要なテーマであり，筆者のフォローし得ない領域であるが，いじめとの関わりにおいては無視し得ない問題であろう。ここでは集団の視点から，集団内相互作用の状態や集団の性質を位置づけることを通して，考えてみたい。

1　集団の視点からのいじめ分類

　いじめの分類はさまざま考えることができる。森田洋司は，①「仲間はずれ・無視」「しつこく悪口を言う」などの「心理的いじめ型」，②「持ち物を隠す」「むりやり，嫌がることをする」「たたく，ける，つねるなどの小暴力」などの「心理的ふざけ型」，③「プロレスごっこなどといって一方的になぐったりする」「おどす」「金やものをとりあげる」などの「物理的いじめ型」，④「着ているものを脱がす」などの「物理的ふざけ型」の4つに分類している。[1]

心理的・物理的といじめ・ふざけの軸によるものが，基本的な分類であると考えられるだろう。深谷和子は，制裁がある程度加えられればブレーキのかかる「田舎型」いじめと，誰も止める者がいない「都市型」いじめを指摘している[2]。

このようにいじめの分類についてはさまざまなされているが，ここではいじめの程度と集団が関与する仕方の面から，次のように4つに分類して考える。

1　いたずら的いじめ

第1は「いたずら的いじめ」である。一人または少数の者が，その時弱い立場にある者に対して，いたずら，冷やかし，嫌がらせ，からかいなど，断片的に行ういじめである。多くは一過的なもので，いじめられる側の被害の程度は大きくないが，反復継続していくとそのことによる精神的苦痛が大きくなるため，いじめられる側が不登校状態に陥ったりする場合がある。いじめる者が複数となりいじめられる者が固定化していじめが継続化したり手口が強度になると，他のいじめのタイプとなる。

2　集団全体が関与するいじめ

第2は「集団全体が関与するいじめ」である。多数の者による「シカト」（無視）や執拗な持ち物隠しなど，集団の多数がかかわって標的となった者を孤立化させるいじめである。直接いじめに加わらなくても，見ておもしろがる「観衆」や見て見ぬ振りをする「傍観者」は，そうした立場からいじめに関与しているといえる。これはさらに，劣っている者へのおしおきとして行われる「制裁型」いじめ，全体から見て異質な者を除外しようとする「排除型」いじめ，おもしろさや刺激を求めて行う「遊び型」いじめ，精神的ストレスを周囲の弱い立場の者にぶつける「抑圧解消型」いじめの4つに分類できる[3]。

3　仲間集団内での隷属的いじめ

第3は「仲間集団内での隷属的いじめ」である。仲良しグループやふざけ友だちといったサブグループ内で，固定化した少数の者に使い走り，プロレスご

っこのやられ役，カバンもたせ，お茶くみなどを強要する。サブグループは他のサブグループとのメンバー交替がない限り，一定の役割関係を作ってまとまりを形成する。そこで奴隷的な役割をおしつけられる者がいじめられる状態に陥ることになる。

4 犯罪的いじめ

第4は「犯罪的いじめ」である。恐喝，暴行，万引きの強要など，いじめの手口が犯罪の部類に入っているいじめである。他のいじめタイプが継続する間に悪質化したものか，非行集団によって起こされるものである。非行集団との関連が強くない場合であっても，日常生活においていじめる側といじめられる側の立場が固定化して常時いじめが行われると，いじめることのおもしろさやサディスティックな感情が高まって，攻撃対象に苦痛を引き続きもたらすために，いじめの手口が悪質化し犯罪的ないじめにいたることがある。

新聞やテレビでよく報道されるのは，視聴者にたいへんショッキングな印象を与える「犯罪的いじめ」である。そのために，いじめ問題がもっぱら悪質化した犯罪的ないじめばかりに関心が向けられがちであるが，むしろその前段階として出現する「集団全体が関与するいじめ」と「仲間集団内の隷属的いじめ」の方に注目すべきであろう。というのは，これらのいじめは，集団内でメンバーが相互作用を繰り返す日常の学校生活の中から発生して，いじめの状態を特徴的に示していると考えられるからである。

「集団全体が関与するいじめ」の場合，特定できない多数の者によって，消しゴム，鉛筆など文房具を執拗に隠したり壊されたり，教科書やノートにいやなことを何度も落書きされたりすると，学習権を侵害するだけでなく深刻な精神的ダメージを受け，学校に行けなくなったり精神障害を引き起こすことがある。「仲間集団内の隷属的いじめ」の場合，継続化していくと大河内清輝君のケースのように，凶悪化して「犯罪的いじめ」に至り，いじめ自殺を引き起こすことがあり注意を要する。前者では不特定多数による集合的な暴力やメンバーはずしが行われ，後者では特定の者による濃密な関係の中で金品の恐喝や奴

隷扱いが行われる点で異なっている。以下，集団全体が関与するいじめと仲間集団内の隷属的いじめについて言及する。

2　集団全体が関与するいじめ

　学級集団においては成人の一人ないしは複数の教師が未成年の児童生徒の中に入って相互作用を行う。従って，一般には教師を中心にして学級集団が動いていると考えられるが，いじめ現象を捉えようとする際には教師を中心にした視点では不十分である。なぜならいじめは教師の視線の死角となっているところで発生するからである。このことは，学級集団が児童生徒の間だけで成り立つ部分があることを認め，そのことについての考察が必要であることを示している。

　小学生高学年や中学生の時期においては，思春期の自立への欲求から友人関係を重視し，学級集団内でサブグループをつくりそれをもとに結束や排斥の行動をとるようになる。そのため，児童生徒の視点からの集団内相互作用論を組み入れる必要がある。こうした点は，従来生徒文化論や職場集団におけるインフォーマルグループ論などで指摘されていることでもあり，それらを参考にしつつ学級集団内での相互作用について考えてみる。

　ここでは，児童生徒間での集団内相互作用を捉えるために，教室内での集団成員の対面的相互作用によるこれまでの集合的状態を「集団状況」と規定し，この変化の過程とともに集団全体が関与するいじめが発生することを位置づけたい。そのために，集団状態を分析するための5つの側面を設定する。これは集団に関する5つの基本的要素とされる，一定の相互作用，目標，規範，役割，集合的一体感と対応させながら拡張したものである。より一般化した位置づけを可能にしており，群集や官僚制など他の集団状態と比較でき，インフォーマルグループやサブグループに対しても有効な視点になるであろう。

　上述の集団状態を分析するための5つの側面とは，次のようなものである。第1は「対面的伝達性」でメンバーが直接やり取りをして相互に情報を伝える

コミュニケーションの側面，第2は「集合的求心性」で全体を一定方向に促す側面，第3は「持続的拘束性」でメンバーの行動に一定の枠組みを与え行為の様式を整える側面，第4は「成員間連結性」で期待される行為パターンにつながりをつけたり役割を分担させる側面，第5は「情緒的統合性」でメンバー全体の感情面での一体化に関わる側面である。（第10章「集団分析の視点―補論―」を参照されたい。）次に，それぞれの面から学級集団におけるいじめの発生について言及する。

1） 集団内の対面的伝達性

　新学期に組まれた学級集団においては，集団やメンバーについての情報はあまり共有されておらず，メンバーである児童・生徒は集団の「状況（situation）」に対して「定義づけ（definition）」を行い，個別的な内容を与えていかなければならない。まさに，「個々人は自己に固有の個人的関心を実現するために，制度化されたパターンを用いながら，彼個人の独自の状況を定義しなければならない」のである[4]。そのため，最初は私的な状況の定義づけが多く発生する。状況の定義づけは，慣例的になされているこれまでの常識的内容が適用されるが，それが適切でない時自己の経験や知識を生かして新たに私的な定義が作られることになる。従って，状況の定義づけがなされる際には，メンバー間で共有される部分と，私的に定義される部分とが生じ，定義内容がメンバー間で異なるために事実認知レベルでのくい違いが生じたり，会話などの相互作用の時に混乱が生じたりすることがある。

　新学期の頃の児童生徒の対面的相互作用においては，状況定義の相違が多く発生して，スムーズなやり取りができないことが多い。しかしこのような場合では，誰もが行為のみ通しがきかないため警戒して他者に遠慮し，一方的に優位な関係というのは生まれにくく，いじめは発生しにくいだろう。感情的もつれや意見の対立は，けんかとして理解されることが多いだろう。

　新学期より時間が経過するにつれて，メンバー間の全面的な対面的相互作用が頻繁になされるとともに相互の定義づけの相違を知り，私的な状況の定義づ

けは，多くのメンバーの間で共有された定義づけに変更されていく。そうした過程の中で，その時々の集団状況を察知する能力に劣る者が状況を理解できなかったり，理解できてもうまくふるまえずに場違いなことをしでかしてしまう者が発生し，集団状況の視点からみたメンバー間の優劣性が生じる。集団内の対面的伝達性において，各メンバーが持っている所属集団の「状況察知能力」や「状況適合能力」の差異は，集合的ないじめの発生に大きくかかわってくる。そうした能力を発揮することによって多くのメンバーに好印象をもたれることは，いじめられ役を回避するうまい戦略であり，逆にそれらの能力不足から集団状況にそわない場違いな行為を取ることは，いじめの対象となりやすいであろう。

2） 集団内の成員間連結性

新しく作られてお互いに未知の状態にある学級集団では，担任の教師により学校生活を進めるための役割がメンバーに形式的に割り当てられ，当初はかなりぎこちない集団として活動していく。形式的な役割であるので一応の目標達成的行為がなされはするが，時間の経過とともに取り決めされた役割が必要でない場合や作業量が適切でないなどが判明してくる。

たとえば，学級集団において美化委員や保健委員といった各種の役割分担が教師の発案によりなされたとする。しかし，日々集団状況が変化していくにつれ，ある役割は活動すべき内容がなくなり，ある役割は一人ではやりおおせないほどの仕事量になるといったことが起こってくる。このように，定められた役割の中でも次第にあるものは名目化し，あるものは公式的な目標達成に中心的機能を果たすようになり，当初の形式的に定められた役割とは異なる実質的な位置づけがメンバー間でなされていくようになる。

この形式的に設定された役割の位置づけの変化と並行して，インフォーマルな役割とでもいうべきものが集団内の対面的相互作用を行う過程の中で発達していく。これは，自然発生的な場合と，補完的に発生する場合とが考えられ，集団内の成員間連結性をより密なものにしていく。前者は少数のメンバー間で

の対面的相互作用の慣例化されたものが持続的なものとなり，次第に多くのメンバーによって期待される行為パターンにいたる場合であり，後者はフォーマルに規定された役割を補完する形で自然発生的に発展し，メンバー間で必要なものとして認識されるに至る場合である。このように，学級集団は次第にメンバー間で期待された相補的行為のパターンとしての「集団状況内役割」を生み出して，より緊密化した集団へと発展していく。

いじめとの関連について言及すると，フォーマルな役割である学級委員になったのをきっかけにいじめられるようになった事例が指摘されており[5]，教師の意向にそうことを要求される委員の役割は学級集団内では突出しやすく，集団内の情緒的統合性において誰も飛び抜けて注目されてはいけないという一律平等性指向が強くなってしまった集団状況の場合においては，いじめへの挑発性を招いていじめの対象となりやすいであろう。

3） 集団内の持続的拘束性

学級の集団状況への定義づけがメンバー間で共有されることで，集団状況が安定してくると，メンバーの行為様式を細部にわたって拘束する圧力が発生し，集団規範としての「状況適合性ルール」が生じる。このルールは，集団に対してフォーマルに規定されたルールを前提とするインフォーマルなルールであるが，メンバー間で共有された状況の定義づけをもとに集合的に形成されるので，フォーマルなルールに反発して，そのようなルールを無効にする形でできあがってしまうこともある。安定化した集団状況を維持させようとする状況適合性ルールは，各メンバーの集団状況における行為の方向性や適合度を規定し，メンバー間で集団状況になじんでいるかどうかチェックする基準となっていく。

こうした状況適合性ルールは，集団内の日々の相互作用の細部に関わっているので，その違反行為はメンバー間で敏感に判定され，なんらかの制裁的サンクションが他のメンバーによって実行されることとなる。その時なされる制裁は，集合的合意のもとに違反の程度に応じた量が科されるのだが，公然とは執行できず，外部の人間がこの制裁行為だけを見た場合には，仲間外れや集合的

暴力などの形をとるので，大勢の者がごく少数の者を攻撃している，すなわちいじめていると判断する場合があるだろう。

　制裁的サンクションの執行に対して一定の抑制が働かなければ，違反者への処罰は継続して続いていくことになる。状況適合性ルール違反への制裁から長期的ないじめに転じてしまうことがあるのは，違反に相応するだけの罰という観点が消失してしまってどこまでも持続していくためである。「もうこれくらいで許してやろう」などといった，集団の中に制裁の打ち切りを宣言するリーダーの発言や集合的合意のないためであると考えられる[6]。

4）集団内の情緒的統合性

　集団内でのメンバーの感情面，特に全体の一体感にかかわる側面である。集団状況内役割や状況適合性ルールが形成されて集団の状態が定着してくると，各メンバーはそれらを内面化して集団の一員としてふさわしいようにふるまうという意識が働き，集団状況への同一化指向が生じてくる。学級集団全体の統合は，地域や所属学校の影響を受けつつ教師の学級運営のもとに，集団内相互作用を繰り返してそれぞれの特徴を持って形成される。学校行事などで連帯感が醸成されて情緒的統合性の高い場合や，相互にメンバーの欠点を攻撃しあい親密な関係の成り立たない場合など，学級固有の集団状況として多様化する。

　その際，児童生徒が多数集まって構成される学級集団では，その時はやっている感覚的パフォーマンスや視覚的好感度が，常識や理屈よりも優先されて，遊びや対人関係のふるまいの中に示される傾向がある。

　現代の中学生は漠然とした空虚感を埋めるための感覚的な追求行為（全能感的ノリ）をとることが内藤朝雄によって指摘されており[7]，その際彼らの行う判断様式として，「よい」ということは集団メンバー全体の感情連鎖の段取りや秩序にかなっていると感じられることであり，「わるい」ということは自分たちの共同作業の効果としての全能感的ノリをはずした，あるいは踏みにじったと感じられ，メンバー全体の反応と憎しみの対象になることをいう。メンバーによるこの状況適合的指向の内面状態は，自己の所属する集団状況を積極的に

維持していこうとする防衛意識をメンバー間に発生させ，それを乱す者に対しては制裁や排除の意識が共通に発生して集合的ないじめへと連なっていく。また，全能感的ノリが荒々しい暴力的なものとなってくると，その意図はなくても集合的な雰囲気にのせられる形で自分より弱い者をいじめてしまうことがある。

5） 集団内の集合的求心性

　学級集団を集合的に求心させるのは，担任教師を中心とした教師群の働きかけによるところが大きいだろう。学校は，児童生徒の学力向上や社会性の獲得を主要な目標として作られているところであるから，その目標のもとへ集団全体を集約させることは，きわめて重要なことである。

　しかしながら，児童生徒レベルの集団内の状況の変化に注目すると，教師の掲げた目標のもとに常に求心化されているとは言えないであろう。たとえば，学校全体が荒れている際に生じることであるが，学級集団内において私語が乱れ飛び教科学習の修得よりも娯楽的な感情表出的行為が多く発生し，一人だけ傑出して集合目標を達成し過ぎないようにという，インフォーマルに形成された状況適合性ルールが暗黙的に了解されて，インフォーマルな情緒的一体感の共有という自己完結的目標が，「集団状況内で共有化された目標」となってしまい，学力向上や社会性の獲得といったフォーマルな目標を無力化してしまうこともあるだろう。

　逆に，教師の学級に対する統率があまりに強過ぎると，集団が過度の集合的求心化を引き起こして，メンバーの情緒的安定や緊張処理に問題が生じる。具体的には担任教師が学習指導や生活指導に非常に熱心で，教室が緊張感で張り詰めた状態になる場合である。このような状態が持続すると，そのもとでの児童生徒の序列化が行われ，最後尾に置かれた者は他のメンバーによってお荷物扱いされ，集合的ないじめへと発展していくことがある。また，集合的求心性が強いことによる息苦しい状態は各メンバーにストレスを生じさせ，その解消のために周囲の自分より弱い者に暴力をふるったりしていじめとなる場合もあ

る。

　以上，集団化状態を見るための5つの側面より，学級集団内相互作用を中心として集団全体が関与するいじめについて考察を試みた。いたずら的いじめの場合には，個別的な要因，たとえばいじめる側に粗暴性が強かったり，家庭内で情緒不安定になる原因があるために，教室で暴力をふるってしまうことなどが主ないじめの原因であると考えられるが，集団全体が関与している場合には，さまざまな要素が複合化した結果生じるので，全体的な視野で捉えていくことが必要であろう。上で論じてきたことは一般化された記述であるが，集団全体を捉えていくのに有効な視点であると考えられる。

3　仲間集団内の隷属的いじめ

　西尾市東部中事件や中野富士見中事件のように，自殺を引き起こすいじめのケースには仲間集団内でのやりとりが重要な要因となっている場合がある。ここでの仲間集団とは，学級集団内でのサブグループや地域の遊び仲間を指している。以下，そうした仲間集団内でのいじめについて，大河内清輝君が長文の遺書を書いて自殺した西尾市東部中事件の事例を参考にして，仲間集団の形成の視点から考えてみたい。

　小学校高学年や中学生の頃には，普段つきあう友人関係は気の合う者がまとまる少数の関係となる。そこから，さらに緊密なつきあいの仲間集団へと発展していく。

　特に自立指向の強いメンバーからなるグループでは，大人の監視を極力避けようと人気のない所で集まったり，暗黙のルールや彼らだけで目指す目標ができあがり，グループ内でしか通用しない言葉を使ったりして，お互いの結束を促す緊密な行動をとるようになる。大人への憧れや対抗意識から喫煙やシンナー遊びをしたりして，逸脱行動に至る場合もある。

　そうしたグループにおいて，たいていはお互いがそれぞれの個性を認め合い，対等で相互に補完し合う仲良しグループとなるが，メンバー間で何かと力の差

がある場合には，グループ内で序列化することがあり，ボス，参謀，兵隊，ピエロ役，使い走りといった役づけがされて，かなり固定された関係のもとにグループの活動が進行していくことがある。

こうした親密な仲間集団内で，最下位に位置する者をこき使って何かと搾取する隷属的ないじめが発生することがある。その際に，もっとも問題になるのはいじめられる側のおかれた状態である。最下位のいじめられる側は，自分に向けられるいじめ行為を回避するために，時にはいじめる側の意向を先読みして自ら隷従したり，状況によっては他の者をいじめる行動に加わるというようなことまでしなければならない。そして忍耐の限界に直面した時，耐えられずに自殺を図ったりするのである。

1） 仲間集団の特徴

こうした隷属的ないじめを引き起こしやすい仲間集団の特徴について考えてみると，次のようなことがあげられる。

1 集団内部で結束が強く，閉鎖的で濃密な関係となりやすいこと

このころ形成される仲間集団は，監督者である大人から離れようとするため，グループ内での約束事を大切にし活動を秘密にする。そのため外部の者には不可視性が高くなる。

西尾市東部中事件の場合，学校の教師はいじめの存在を知っていたが，大河内君の長文の遺書を読むまではいじめの実態をつかんではいなかった。小林篤の報告によれば，教師たちは大河内君へのいじめの凄惨さと背景の複雑さを知って狼狽していたという。[8] また，大河内君をもっともいじめていた同級生は，大河内君を叱った教師に対してくってかかり，自分の側に引き寄せようとしたという。[9] 一方でいじめているのに，他方で結束を示すような濃密な行動をとったりするのである。

2　インフォーマル集団であるため集団を監督する者の不在

仲間集団は自然発生し公の場へ出ることがないので，それをコントロールする者や機関がなく，破壊的な行動へと暴走することがある。

小林によれば，大河内君が入っていたグループに対して，上級生のM君をリーダーとするグループが弱い者いじめへのブレーキをかけていたのだが，彼らの卒業後ブレーキをかける者がいなくなり隷属的ないじめが始まったという。[10]

3　全体的視野にたった内部リーダーの不在

年齢差のある者からなる集団活動は，上の者は下の者をかばい下の者は上の者に慕う意識を育て，上位に立った者は他のメンバーの立場や心理を理解することができた。しかし今日の同年齢集団は，対等な関係が基本で学校の成績を争うライバル関係がそこに入ってきたりする集団であるので，全体的視野を身につける機会は少ないであろう。

大河内君の場合，ボス的存在が自分の欲求を満たすために最下位の使い走り役である大河内君に対して，恐喝したり無理難題をふっかけたりして深刻ないじめとなった。

4　所属メンバーにとって，生活圏全体の中で大きな位置を占めるため拘束度が非常に強いこと

児童生徒の日常生活の範囲は，家庭，学校，塾，近隣とそれほど広くはなく，仲間集団内で継続的に執拗にいじめられると，逃げ場がなくなり精神的に苛酷な状態に陥る。

昼夜を分かたず大河内君は使い走りをさせられ法外な金を要求されており，彼の自殺は逃げ場のない精神的に追いつめられた末の行為であった。

5　学齢期の発達段階における一過程であること

子どもたちは学齢期になると思春期特有の自立への意識が強くなり，今まで依存していた大人から離れ，身近な仲間との連帯によりグループで行動するこ

とで，思春期の自立を実現しようとする。仲間集団の形成は，誰もが通過する発達段階の一過程であると言えよう。

　大河内君の場合，学校側も認識している問題グループのメンバーとして行動しており，激しいいじめを受けていたのだが，上級生たちに助けられた時も「楽しいからいい」と抜けることを拒否しており[11]，さまざまな想いの交錯する中，思春期の自立意識が大きく働いていたのではないかと考えられる。

6　忍耐力や他者への共感能力の不足など，メンバーの対人関係能力の未熟性

　個々のメンバーはなお発達段階の途上であり，忍耐力や他者への共感性の欠如した状態である。それぞれの思いがぶつかり合い，複雑な形で現象化しその一部がいじめとなる。小林によると，大河内君が矢作川で溺れさせられた時，他のいじめている者が止めようとした。溺れさせている者も殺そうとしたのではなく，自らの弱さを知るがゆえに強く見える大河内君を試そうとしたのであるという[12]。他者への共感能力が全くないわけではないが十分ではなく，日々続く濃密な関係性の中で自省や罪悪感を感じる基盤を消失してしまっているのである[13]。

　このうち，1，2，3項目は，この種の仲間集団が一般的に隷属的ないじめを生みやすい条件を示している。そして，4，5，6項目，すなわち仲間集団を円満に機能させる統率力のないこと，集団拘束力が強く学校，家庭，地域にまでおよび逃げ場のないこと，各メンバーの対人関係面での未熟性が，最近の子どもたちの仲間集団に顕著な特徴であると考えられる。

2）いじめられていることを大人に言えない理由

　仲間集団内で隷属的ないじめを受け続けて精神的な被害が大きいのに，親や教師に助けを求めないまま，自殺してしまう場合がよく問題にされる。いじめによる自殺事件が続発した際には，「いじめられている君へ」と題していじめに耐えることを訴える社説（朝日新聞1986年2月6日）が出されたほどである。それほどまでに，大人がいじめを見つけて対処するのはむずかしいということ

であろう。

　なぜ両親にすら助けを求めずに自殺してしまうのか。常識的に考えるならば，死ぬほど悩んでいることを親に打ち明けられないということは，親子関係に問題があるということになるだろう。そこで，いじめを誰にも言えない理由について考えてみると，次のようなことがあげられる。

　子どもの思春期要因がまずある。尾木直樹の説明によると，「いじめっ子がいじめの原因にしていることは，いじめられっ子自身が一番気に病み悩んでいることなのです。ノロマである自分を責めたり，ワガママで自分の気持ちをコントロールできない勝気ささえ気にしているのです。だからこそ，それらを非難された時，ほとんどの思春期の子どもたちは，自己納得してしまいます。」[14]この自らの至らぬ点を認めてしまう自己納得的心情が働くために，いじめられてもそれをいわれのない不当なことと判断して，他の人の救援を求めようとする行動にならないのである。

　また，いわゆる反抗期における自立への目覚めが，これまで依存してきた大人に対して助けを求めることをしづらくしていることがある。思春期の自己確立期には，自尊感情が強くなり，学校でいじめられているといったことは恥ずべきこととしてとても打ち明けられないということになる。さらに，思春期の自己確立期には子どもたちだけの結束や共同体験をもっとも大切にし，いかに不正義と非人間性が横行しているクラスであったとしても，大人には関係ないと思い込むところがあると尾木は指摘している。[15]

　こうした子どもの成長過程における思春期特有の考え方を理解する必要があるだろう。親にとっては反抗期ということで，子どもは何かとかどがたつ言い方をしてくるが，そのことで感情的にならずに子どもの発達段階における状態を知って，いじめられているかもしれないことへの対応を考えなければいけないということである。

　次に，子どもの生活世界がきわめて限定されていることをあげることができる。子どもにとってどんなにいじめられたとしてもそこが唯一の居場所であり，いじめられっ子はいじめっ子たちとの関係の中でしか，自己存在の確認場

第3章　いじめと児童生徒の集団形成　53

所を確保できないということを経験的に知っている。いじめられることによってグループの一員であるいじめられっ子が自分の居場所を失うような訴えをすることは，まさに自己の存在の余地がなくなることを意味している。尾木は「脱出させたいのなら，信頼に満ちた家族集団や地域の子どもサークルなど別の居場所の確保が先決」だと述べている。[16] 前述したように，閉じられた生活世界の中で生きている限りは，親に相談しても心配させるばかりであるし，チクった（告げ口した）ということがやがてはいじめる側に伝わるのがほぼ予想できるので，親にも話せないということになってしまうのである。

　さらには親の期待を壊したくないということがあげられる。このことは，いじめ問題よりも不登校問題の方で詳しく議論されている。小泉英二は，不登校児の中にはきちんとしつけて優等生として申し分ないような子どもに育て上げたために，子どもが途中で息切れして不登校に陥るタイプの者がいることを述べており，[17] 崎尾英子は，優等生であればあるほど期待にそえない自分を責め，不登校に至る場合があることを指摘している。[18]

　家庭の中で親自身も気づかないうちに言葉のはしばしに出てしまう子どもへの期待が子どもの心にたえず注入され，子どもはそれに応えようという姿勢でがんばり続ける。そんな時に，一方的にいじめられているというような親のそのような思いをぶちこわしてしまう情けないことは，とても言いだせないということになってしまう。結果的に，親子間で大きな壁を作りだし，互いに家庭内で真意を知りえぬ断絶状態に陥ってしまうのである。

　こうしていじめられていることを親に言えない理由をあげていくと，子どもの方から簡単には言いだせないことが理解できる。親はまずこのことを十分に知る必要がある。自殺や傷害事件が起こってから気づいても手後れなのである。今日よく指摘されているように，家族成員がそれぞれ孤立化している状態では，苛酷ないじめを受けている子どもに対して，救いの手を差し伸べることはかなり困難なことではないかと考えられる。

おわりに

　集団の視点からいじめを分類して，集団全体が関与するいじめと，仲間集団内での隷属的ないじめについて言及してきた。学校生活を中心として同級生間で生じているいじめは，子どもの成長に伴う発達課題，とりわけ大人になることに向けての精神的自立性の獲得といった問題と切り離すことはできないであろう。

　本章においては，発達をふまえて十分言及し得なかったが，楠凡之はいじめ問題の発生を4つの年齢段階に分けて，それぞれの時期にどのようなつまずきによって問題が発生しているのか検討している[19]。こうした研究とあわせて，社会学的視点がうまく生かされるならば，なかなか捉えきれないいじめの様態を，より現実的に明らかにすることが可能になるであろう。

　いじめ問題は，子どもの対面的相互作用の中で自殺や死傷事件や精神的トラウマを引き起こす可能性のある問題として，実践的対処の要請があるためにテーマ化されるものである。頻繁な報道によるいじめの過大視や逆に報道されないことによる過小視の影響を排して，個人の社会化と家族，対人関係，学級集団およびサブグループ，学校と地域，教育行政，日本文化などのさまざまな視点から，子ども世界の的確な現状分析を目指すべきであろう。

1）　森田洋司・清永賢二『新訂版　いじめ　教室の病い』，金子書房，1994年，69-75頁。
2）　深谷和子『「いじめ世界」の子どもたち―教室の深淵』，金子書房，1996年，108-114頁。
3）　竹川郁雄『いじめと不登校の社会学―集団状況と同一化意識』，法律文化社，1993年，15頁。
4）　アルフレッド・シュッツ（渡部光・那須壽・西原和久共訳）『アルフレッド・シュッツ著作集　第3巻　社会理論の研究』，マルジュ社，1991年，337頁。
5）　中日新聞本社・社会部編『清輝君がのこしてくれたもの』，海越出版社，1994年，75-76頁。
6）　深谷，前掲書，108-110頁。
7）　内藤朝雄「いじめ・全能感・世間」，『人間と教育』，7号，1995年，70-82頁。

8) 小林篤「清輝君の死は何を遺したか」,『現代』, 1995 年 5 月, 182 頁。
9) 小林篤「清輝君の学校で何が起こっていたか」,『現代』, 1995 年 3 月, 188 頁。
10) 小林篤「僕は, 旅立ちます　清輝君「いじめ自殺」の真実」,『現代』, 1995 年 2 月, 104-117 頁。
11) 西尾市立東部中学校の公表資料より。豊田充『清輝君が見た闇―いじめの深層は』, 大海社, 1995 年, 82-91 頁。
12) 小林, 前掲論文「清輝君の学校で何が起こっていたか」, 190 頁。
13) 冨田充保「清輝君事件と子どもたちの集団秩序・規範形成の現在」, 教育科学研究会, 村山士郎・久富善之編『いじめ自殺―6 つの事件と子ども・学校のいま』, 1999 年, 国土社, 111-123 頁。
14) 尾木直樹『いじめ―その発見と新しい克服法』, 学陽書房, 1995 年, 49-51 頁。
15) 尾木, 前掲書, 55 頁。
16) 尾木, 前掲書, 53-54 頁。
17) 小泉英二他「登校拒否の理解をめぐって」小泉英二編『続登校拒否　治療の再検討』, 学事出版, 1980 年, 11-51 頁。
18) 崎尾英子『新しい子どもたち―日本を変える登校拒否児』, 彩古書房, 1992 年, 24 頁。
19) 楠凡之『いじめと児童虐待の臨床教育学』, ミネルヴァ書房, 2002 年。

第4章　不登校，摂食障害，集団内いじめと適応過剰

はじめに

　不登校であれ，摂食障害であれ，集団内いじめであれ，現象群としてひとくくりの名称でとらえられているが，具体的なケースに接してみるとその発生原因は実にさまざまであり，単独の理論的説明を見いだすことはできそうもない。しかし，発生要因の多様性を認めた上で，一定の視点のもとに見わたしていくと，各現象に通底する共通要因とでもいうべきものを見いだすことができるだろう。それらが個人の内面や個々の集団内部にかかわる個別的事情だけではなく，社会現象としての一面を含んでいる限り，広く社会に共通した基盤的状態のあり方とかかわって発現していると考えられる。

　そうした社会的な要因を明らかにすべく，ここでは不登校，摂食障害，集団内いじめにおける適応過剰の側面を取り上げて，逸脱と同調との関わりにおいて考察し，さらに「日本文化論」の知見を援用して日本文化との関わりを検討する。

　一般に「逸脱（deviance）」とは「本筋からそれはずれること。またそらしはずすこと。」（『広辞苑 第五版』）であるが，社会現象の分析のために使用する際には，何らかの「同調（conformity）」との対比ないしは対立関係において意味をもつ概念となる。この場合の同調とは，意見，信念，行動などが社会や集団の規範の方向に一致していくことを指している。従って，逸脱は，意見，信念，行動などが社会や集団の規範からはずれることを意味している。

　どのような行動あるいはその担い手に同調・逸脱のカテゴリーが付与される

かは，宝月誠によると，適用のされ方によって大きく3つに分かれるという[1]。

その第1は，内面化あるいは自明視されている何らかの道徳的基準や価値に基づいて，それから反したものを逸脱とみる立場である。たとえば，性的関係は異性間のものが正常なことと信じ自明視している者は，同性愛を逸脱と見なす。

第2は，観察者が何らかの外的規準を用いて，当事者たちの意識とは無関係に逸脱を定義する立場である。外的規準には，統計的平均による正常―異常や，現象に随伴する機能障害，それぞれの社会や集団で通用している規則や慣例などがあり，それからはずれた行動やその活動主体を逸脱とみなす立場である。

第3は，社会生活を営む当事者の観点に立って，彼らの視点から何が逸脱とみなされているのかを把握しようとする立場である。ラベリング理論の主張がその代表であり，有力な集団の規則を他のマイナーな集団にも押しつけ，また規則を誰かに実際に執行する結果として，逸脱や逸脱者が形成されるとみる立場である。この考えがよりラディカルになると，逸脱とは行動の状態とは全く無関係に誰かによって逸脱とみなされることだという主張になっていく。H.ベッカーは逸脱を，「ある社会集団とその集団から規則違反者と目された人間とのあいだに取交される社会的交渉の産物」と規定していた[2]。

ここでは逸脱の論理的側面よりも上で述べた現象について考えたいので，もっとも標準的だと考えられる第2の立場を採用して議論を進めていくことにする。ただし個人の内面の中で構想された集団や制度への規範意識を論ずる場合には，第1の立場まで考慮していく必要があるだろう。問題状態が，個人の主観的な思いこみや規範や価値との葛藤から生じているのであれば，当然そのレベルでの同調・逸脱を扱わねばならないからである。

1 適応過剰による逸脱現象

1） 学校適応過剰意識から生じる不登校

　さて，まず不登校現象についてふれてみよう。不登校は，病気，けが，忌引き，家庭の事情，出席停止などの妥当な理由に基づかないで学校を欠席する行為である[3]。そのように規定される現象のうちここで取り上げたいのは，対人関係や集団を考慮して規範的要請を自己に課し，それによって生じる不登校である。もちろん，不登校は学校理由だけによるのではなく，身体的理由や家庭的理由なども大きな比重を占めているだろう。また自宅閉居という行動選択が可能な社会条件が今日簡単に成立しているためだという指摘もある[4]。さまざまに考えられるが，学校と家庭は児童・生徒の生活世界における二大舞台であり，そこで課されている規範的要請は彼らにとって大きな負担となっているであろう。

　とりわけ学校で優秀な成績をおさめられるかどうかは，彼らのもっとも重大な関心事である。小泉英二[5]は，これにかかわる不登校タイプを「優等生息切れ型」と呼んでいる。この不登校タイプは，親からの心理的独立の挫折，自己内の葛藤に起因するものであるという。彼によると，自我が成熟しているタイプの子どもは，親子関係のなかでは，親に依存したり，親に抵抗したりすることがあまりなく，小さいときから親の期待や何かを取り入れて，親子関係はかなり独立してなんでもやっていけるようになっている。しかし自分の中の期待水準と，それがうまくできない現実との中で挫折とか葛藤を感じ不登校状態になるのである[6]。

　また崎尾英子[7]によれば，子どもは，周りの期待のようなものを感じとると，そのように自分で自分をしつけようとするので，ある子どもは優等生になってくたびれ，ある子どもはできないのに期待にそわなくてはと思い，あせるあまり周囲の者に暴力を振るったりするという。このことについて具体的に理解す

るために，次のような事例を紹介しておこう。

　……中学二年の終わり頃から月に数回，学校に行くのがいやそうな雰囲気が見えてきました。行かないときに放っておくと，丸一日寝ているそうです。時には二日間寝ていたこともあったようです。そして起きてくると普通の顔をして学校に行くのだそうです。疲れているのかなあ，と思っていたのですが，バレーボール大会では大活躍するし，運動会のリレーでは一番になるし，まあ，何とも素敵な息子さんなわけです。とても頑張っていたのでしょうね。それでも段々疲れてきたのか，居間にいる時間も減り，ちょうどアルベール・オリンピックが開催中だったのですが，大好きなスキーも見ないのだそうです。そしてご両親そろってご相談にいらした時には，その前の一週間ずっとひたすら寝たきりで起きてこない。これはどういうことでしょうか，というご相談だったわけです。(崎尾英子『新しい子供たち―日本を変える登校拒否児』 16-17頁)

　上の事例の省略した部分では不登校児の学業などの優秀さが説明されており，「優等生息切れ型」の例であるといえる。両親は別に厳しくあたっているわけではないのだが，子どもの方で親が期待しているであろうと思えることを暗黙的に先取りして，そのことに没頭していくあまり，エネルギーを使い果たしてしまい，気疲れ状態に陥ってしまうのである。

　以上は親との関係によって生じる場合であるが，竹内常一は教師や友達との関係において不登校状態となる生徒の場合を分析している[8]。彼によると，不登校の子どもは，「学校に行かねばならない」と思いながらも，心理的な不安のために「学校に行けない」という状態にあるという。その際の不登校児の「学校に行かねばならない」という思いは，教師や学校仲間の期待への強いこだわりやとらわれである。つまり教師や友達の期待のまなざしになにがなんでも答えなければいけない，みんなと同じようにがんばらなければいけない，という思いである。子どもは，毎日の学校生活のなかでこうした学校の支配的なまなざしにさらされ続けている。そのために彼らはそれを自分の中に取りこんで，がんばり続けなければならないのである。だから，学校でがんばり続けられないと，それから落ちこぼれていく自分を自らすすんで問責するようになってい

く。このため，子どもは誇りと自尊感情をはてしなくすりへらしていくこととなる。[9]

そうした学校の支配的まなざしによってとらわれていった時，被圧倒感を感じすくみ反応を呈するようになる。このすくみ反応は，不登校児の「日中変動」といわれるものによく示されている。日中変動とは，登校時刻が近づくにつれて緊張が最高度に達し，午前中は学校にいるのと同じ緊張状態にあり，下校時になるにつれてその緊張がやわらぎ，下校時が過ぎるとそれから解放され，夜が深まるにつれて再び精神的緊張を高めていく傾向である。[10] こうした不登校児の登校傾向を，竹内は「学校適応過剰」または「脅迫的登校」と呼んでいる。

このように，両親から暗黙的期待を敏感に感じ取ったり，教師や友人との対人関係のやりとりの中で彼らの期待のまなざしにさらされたりすることで，心理的な緊張が高まり，自らを精神的に困難な状態に追いやることにより，不登校状態が発生する。

2） 摂食障害の一解釈

次に，摂食障害についてみてみよう。摂食障害の原因については，自我同一性の葛藤説，個人精神病理に基づく説，家族内のでの葛藤説，社会病理説，内分泌学的欠損説などさまざまに指摘されており，統一的な病因や治療法は現時点で確立されていない。[11]

ここでは，現代文化や社会的状況が摂食障害の発症にかかわっているという見方に注目し，女性がスリムであることに価値をおく現代の社会的風潮との関連性を取り上げる。

中島梓は『コミュニケーション不全症候群』の中で，摂食障害について言及し，理想体重への指向性が個人への強い要請となって発生することを論じている。[12] 彼女によると，「ダイエットをせずにいられない少女たちは，社会が与えてくれるあまりにも狭いすきまに自分をあてはめようとして身をけずりつづける人間」であり，いわゆる「おタク」族が競争社会からおりて自分の「居場

所」に閉じこもることができたのに対して，彼女たちははじめから，逃れるべき自分の内宇宙さえ持たないという。

　また，摂食障害の症例研究書が例外なく，拒食症にかかる患者の性格特性として，まじめで優等生タイプで，親や周囲の期待に応えようと過度のがんばりをかさねる長女をあげているのは偶然ではなく，そういうタイプの個人には，はじめから社会規範から逸脱しても個人の存在のほうが重大であるという確信が欠けており，そのように感じ得るだけの自分自身，というものをまったく育てられないように育てられてきたのだという。「真面目で従順だからこそ，彼女たちは社会からのメッセージ，命令に忠実に従う。そうして自分自身を破壊しようとすることによってだけ，彼女たちは社会に無力な復讐を遂げているのである。真面目で反逆を知らぬおとなしい被害者たちの，無力で哀れな復讐——それがダイエット症候群である。」と彼女は書いている。[13]

　そしてこのことは，社会に暗に潜む規範的要請に対する適応への試みであり，同時に過剰適応という名を借りた抗議行動であるという。「彼女たちの痩せ細った骸骨のような体と食べ物にとりかこまれながらそれを口に入れることの出来ない飢え，そしてそれでもなお『痩せている事だけが価値である』と信じこまなくてはならない精神構造は，社会の論理からのモデルとメッセージを受入れるか，拒否するかの二者択一の前で，その社会の与えたモデルの輪郭にそれぞれ個人個人で異なったシルエットを持っている自分のからだをあわせ，それ以上に——モデルの輪郭より以上にその輪郭のなかに完全に自分を埋めこんでしまえばいかに厳しく情容赦のない規範とても彼女を受入れないわけには行かないだろうという，絶望にみちた彼女たちの状況を示すものに他ならない。」[14] こうした心理状態を，彼女は自己の体験から論じているのだと書いている。どれほどの人が該当するかで一般性にやや疑問の残るところもあるが，大胆にり切込んだ現象分析になっている。

　中島は，「コミュニケーション不全症候群」の特徴の一つとして，「さまざまな不適応の形があるが，基本的にはそれはすべて人間関係に対する適応過剰ないし適応不能，つまり岸田秀いうところの対人知覚障害として発現する」こと

を指摘している。摂食障害も，対人知覚障害の1つであり，人間関係の総体として成り立っている社会が発するメッセージを過敏に受け取るあまり，適応過剰となり身体的生理の常軌を逸したわけである。

3） 集団内いじめと社会規範への適応過剰

集団内いじめも具体的に見てみると，不登校や摂食障害と同様に多様な事例のひとまとめであり，軽微な感情的衝突によって生じる一時的なもめごとから，自殺や殺人など深刻な事件を引き起こすものまで，幅広い現象にわたっている。集団内いじめは一般に逸脱現象とみなし得るであろうが，森田洋司が指摘しているように[15]，行為の逸脱性を判定する基準は，一部の刑法に抵触する行為は別として，国や学校によって制度化された法規範ではなく，市民レベルの道徳の領域に委ねられている。そのため，健全なるものと不健全なるもの，不健全なるものと悪なるものとの境目については，人によって，あるいは立場によって判断を異にする場合が生じることとなる。ここでは，前述したように，社会や集団で通用している規則や慣例から反するものを逸脱とみなして議論を進めていく。

さて，集団内いじめとは，日々やりとりする相互作用過程の中で，腕力やリーダーシップ能力など資源を動員する能力において，その時の状況から相対的に優位に立つ一方が劣位の者に対して，通常目的と手段の間に正当的根拠がないかあっても過度に及ぶ手段によって，つまり卑怯な手段をとることによって，精神的ないしは身体的な苦痛を与える攻撃的行為である[16]。力関係は状況相対的であって，たとえ腕力があって常に相手を組み伏せる自信のある者でも，自分以外のメンバー全員を向こうに回して争うことはできないであろう。集団の中でどのようなことが中心をなす関心事であるか，そのことにかかわってメンバー間の優劣性が決められることになる。たとえば，音楽会を目指してクラス全体が躍起になっている状態であれば，うまく歌えない者が制裁的に仲間外れのいじめにあう場合がある。いじめが成立するかどうかは，一個人の情念ではなく，集団内の事情に大きくかかわっている。

集団内でメンバーの多数がかかわるいじめが発生する場合，そこでの集合的状態がどのように変化していくかが大きく関係している。そのことについて，ごく簡単に一般的な記述をしてみよう。[17]

　新学期にクラス編成がなされるなどの集団形成時には，他のメンバーについて全く未知の者が集まって手探り的に対面的相互作用を行っていく。そこでは，これまでの知識や経験に基づいて私的な「状況の定義づけ（definition of the situation）」がなされていく。「状況の定義づけ」とは，個人が自分自身のおかれた状況を主体的主観的に知覚し解釈することである。同じ教室にいるメンバーであってもまだ未知の状態であれば，「状況の定義づけ」が異なって思い違いや期待はずれが生じ，非常にぎくしゃくしたやりとりがかわされるだろう。

　しかし，時間の経過とともに，対面的相互作用が繰り返し行われることによって，次第に「状況の定義づけ」が共有化され，より緊密な集団へと発展していく。そして，メンバー間で期待された相互補完的な行為のパターンが定着して，それが集団状況内役割となり集団状況が安定してくる。さらには，メンバーの行為様式を細部にわたって規定する集団規範としての「状況適合性ルール（situational propieties）」が生じてくる。このルールは，集団に対してあらかじめフォーマルに規定されたルールを前提としており，メンバー間で共有された「状況の定義づけ」をもとに集合的に自然発生的に形成される。そのためフォーマルなルールを無効にする形で内容規定されることもある。たとえば，「校則や就業規則を破ったとしても先生や監督者に告げ口するな（チクってはいけない）」というルールは，多くのインフォーマルなグループで形成されることである。集団状況にふさわしくふるまうように仕向ける状況適合性ルールは，メンバーの集団状況における行為の適合度を規定し，そこからメンバー間で集団状況を察知する能力や集団状況に適合する能力の差を発生させる。

　そして，固有の集団状況内役割や状況適合性ルールが定着してくると，もともと集団が作られる時に設定されていた全体的目標にも変更が加えられ，「集団状況内で共有化さた目標」ができあがってくる。たとえば教科学習の修得ということよりも娯楽的な感情表出的な行為が頻発して，その時楽しければいい

のだという情緒的一体感の共有を目指した自己完結的目標が支配的となり，教室が遊び心中心の「ばか騒ぎ」的なパニック状態に包まれることもあるだろう。さらに，集団状況が定着して安定化してくると，そうした集団状況への同一性感覚が生じ，メンバーの間で状況適合的指向が感覚的身体的に発生してくる。こうなると，自己の外観，たとえば服装，髪型，身のまわりにつける装飾物など，その場にふさわしいように整えようとする意識が働いていく。メンバーによるこの状況適合的指向の内面状態は，重要な集団状況に対する「状況的同一性（situational identity）」として保持されていく。

　次第にできあがってくる状況適合性ルールは，集団内のメンバーの個別的なやりとりの中で形成されるので，その違反行為はメンバーにより敏感に察知され，なんらかの制裁的サンクションが実行されることとなる。しかし，インフォーマルに形成された状況適合性ルールの違反者に対し，公然と罰則を執行することはできず，隠れたところで一定の処罰としての効果が現れる手段が採用されることになる。多くの場合，それは集団内いじめとなる。集団状況への同一化が強くなるほど，集団状況内で共有化された目標のもとに状況適合性ルールを守ろうという指向性が強くなり，集団状況を十分に察知できない者や適合できない者への非難意識が強くなる。

　この時非難する者は，集団状況への不適合者に対しおしおきや懲らしめのつもりで攻撃するのであり，そこでは集団状況への一途な同一化が大きな要因となっている。この場合，積極的に攻撃してやろうという意図からではない。そうではなくて，集団状況に同一化することで一体感を共有しようとしているのに，それを妨害されることで被害を受けたと感じ，そのことへの報復感からなのである。だから，集団状況への同一化指向が強ければ強いほど，それに馴染まない者への非難意識は強いということになる。一般的に教室や職場など，ひとつの固定した場所でなじんできた雰囲気に合せようとする指向性は多くの者が持つであろうが，あまりにもその指向性が強くなると，ほんのちょっとした異質性に対しても集団状況にそぐわないと敏感に反応するようになる。多くのメンバーが集団状況への適合度をめぐって目を光らせるようになってくれば，

各人の個性を認めない一律的悪平等の状態に陥ってしまう。

　集団状況は，うまくいけばお互いの個性を認めあう友好的な一体感を生みだすであろうが，逆に大変緊張度の高い相互攻撃的な雰囲気のものになってしまう場合もあるだろう。緊張度の高い集団状況の中で，そうした均質化圧力を自分自身に向けると，集団状況にふさわしい一員という規範的要求がきびしい形でつきつけられて，自分はそこでの調和を乱しているのではなかろうかという恐怖心が生まれ，集団状況を成す場である教室や職場に参入できないこともあるだろう。このように，集団状況への同一化が非常に強くなることにより，不適合な他者への制裁的攻撃が生じたり，自分自身に対する不適合判断による一定の場への参入恐怖が生じることとなる。

　この同一化指向のいきすぎを，適応過剰の一形式とみなすことができよう。集団内いじめは現象そのものが日常現象からの逸脱であるが，とりわけいじめる側に集団状況への同一化が強く働いて，状況適合性ルール違反者への過度な制裁意識のある状態を，適応過剰による逸脱だとみることができるだろう。

4）逸脱としての適応過剰

　以上，適応過剰による逸脱現象について概観した。適応過剰が要因となっているわけだが，そこにはいくつかの共通項が見いだされる。次にそのことについて考えてみよう。

1　当事者が非常に「まじめ」あるいはがんばりやなこと

　まじめである，言い換えると，一般的に大切だとされている規範的言説に対して，非常に忠実であろうとしている。このことは不登校と摂食障害の場合に顕著である。中島が摂食障害論で言及していたように，スリムであること，スタイルのよいことは，若い女性の雛型であり望ましいことだというメッセージとなっているが，あまりにも忠実に受けとめられると，「何が何でもやせていなくてはならない」，「どうしても体重を美容体重よりも減らさなくてはならない」といった「厳しく情容赦のない規範」としてダイエットを強行させること

となり，そのことから摂食障害になるのだという[18]。おそらく実直で一途な面を持っているからであろう，自分の生命の方が重要だと確信できるほどのしたたかさ，あるいは信念がないといえる。集団いじめの場合も，いじめる側の特徴として集団状況への同一化意識が強いほど，そのように言えるだろう。

　また，そうでなければいけないと感知される規範的要請を絶対視しているところがある。この点で，ちょっとしたおもしろさを求めて行う遊び的非行や，不正に対する表だった抗議行動とは異なる。そうした行動とは違って，個人的主体性や自立性が欠如しているために規範が示す軌道からはずれまいと懸命になり，そのために自分のとる行動も柔軟性のない一面的な行動となってしまうのである。

2　敏感で繊細な生活感覚をしていること

　不登校現象は，感受性の鋭い個性的な子に多いことが指摘されている[19]。摂食障害は社会の規範的要請に鋭敏であり，集団内いじめでは集団状況を察知する感覚にすぐれている。日常生活の中で，何が自分にとって必要なことか，鋭敏にキャッチできることが情報の流れの速い今日の社会では有利さを生みだすが，そのことに集中しすぎると生活感覚のバランスをくずすことにつながる。

3　対人関係指向が強いこと

　他者とのやり取りの中であるいは他者とのやり取りを想定して，上にあげた規範的要請に対して忠実であろうとする。不登校では親や友人や教師の期待を強く意識してそれに応えようとするあまり，動けなくなっていくのである。摂食障害では一般化された世間のまなざしによって規範的要請の圧力を感じるのであり，中島はそのことを人間関係に対する適応過剰ないしは適応不能と指摘していた。集団内いじめにおいては攻撃する側の対人関係指向が強いがゆえに発生するのだと考えられる。もしそうでなければ，わざわざ暴力を振るったり意図的に無視して連係的チームプレーとしての仲間はずしをするのではなく，全くあかの他人としてよそよそしく振る舞うであろう。

2　適応過剰と「日本文化論」

1）「日本文化論」の代表的な議論

　このような共通項をあげてみると，一般に「日本文化論」として議論されている特徴との近接性が浮び上がってくる。つまり，適応過剰に関する共通的性質は，日本人の伝統的な行動様式や社会関係の状態を反映しているのではないかと考えられてくる。そこで次に，これまでの伝統より生じていると考えられる日本的社会関係の特徴を，代表的「日本文化論」より抽出してみることにしよう。

　まず，土居健郎による日本人の「甘え」の心理の議論であるが，彼によると「甘えとは，乳児の精神がある程度発達して，母親が自分とは別の存在であることを知覚した後に，その母親を求めることを指していう言葉である。いいかえれば甘えはじめるまでは，乳児の精神生活はいわば胎内の延長で，母子未分化の状態にあると考えなければならない。しかし精神の発達とともに次第に自分と母親が別々の存在であることを知覚し，しかもその別の存在である母親が自分に欠くべからざるものであることを感じて母親に密着することを求めることが甘えであるということができるのである。[20]」このように説明して，「甘えの心理は，人間存在に本来つきものの分離の事実を否定し，分離の痛みを止揚しようとすることである」と定義している。

　上の記述からわかるように，土居は，日本人の育児様式のあり方に注目し，乳幼児が身につけていく社会化過程において，子どもの母親への依存，すなわち甘えの心理が強く見いだされることを主張した。この甘えの心理は成人した後も持続し，情緒的一体感の希求という指向性が甘えの心性として行為のさまざまな局面で現れてくるとされる。

　こうした点について，次のような参考となる実証的研究がある。東洋，柏木恵子，R. D. ヘスによる日米共同比較研究がそれで，実証の方法に関すること

がらは省略せざるを得ないが，綿密な調査研究が行われ，多くの知見を引き出している[21]。それによると，「子供の発達への期待は全般的には日米差はないが，どのような側面の発達をより早期に期待するかに関して著しい日米差が示された。日本では情緒的成熟や大人への従順，礼儀などが，米国では言語による自己主張や友達関係での社会的スキルが，それぞれ他方の国より有意に早期の発達期待がもたれている。」また「米国の母親の言語活動は課題内容に焦点をあて，それを細密かつ個別的に説明しようとする傾向があるのに対し，日本では課題の周辺を概観したり母親からの情緒的コミュニケーションや励ましなどに言語活動の多くがあてられる。換言すれば，米国の方が説明的・客観的であり，日本の方が情緒的・文脈的であるといえる。」甘えの心理そのものの検証ではないが，日本人が情緒的一体感の希求という指向性を持つ方向へ社会化されることを示しているといえる。この実証的な比較研究による特徴づけは，「日本文化論」での重要な足がかりとなるであろう。

次に，人間関係における行為様式のあり方についてふれると，濱口恵俊は行動の背後にある人間観や文化的価値指向を検討し，東洋人の対人関係観を「間人主義」と名づけて，次のような3つの基本属性を規定している[22]。その第1は「相互依存主義」で，社会生活はひとりでは営めない以上，相互の扶助が人間の本態だとする理念である。第2は，「相互信頼主義」で，自分の行動に相手もきっとうまく応えてくれるはずだ，とするお互いの信頼感である。第3は，「対人関係の本質視」で，相互信頼の上になりたつ関係は，それ自体が値打ちあるものとみなされ，「間柄」の持続が無条件で望まれるというものである。この間柄については，木村敏によっても，日本人においては他人と自分はつながって同じ関係を共有しているのであり，「人と人との間」が社会生活で重要な位置を占めるのだと主張されている[23]。

さらに日本社会の集団編成様式については，中根千枝による「タテ社会論」があり，社会集団は原理的に2つの構成要因から成るという[24]。その一方は，社会的個人の一定の属性としての「資格」で，具体的には氏，素性，学歴，地位，職業，資本家，労働者，男女，老若などであるという。他方は，一定の地域と

か，所属機関などのように資格の相違を問わず一定の枠によって一定の個人が集団を構成している「場」で，O村の誰だれやP会社の社員という場合がそれにあたる。そしてタテの関係は，資格の異なる者を包含するという意味で同列におかれないAとBを結ぶ関係であり，ヨコの関係は，個々人に共通する一定の資格によって構成される，同質，同列のX，Yを結ぶ関係を指している。日本人は，外に向かって自分を社会的に位置づける場合，資格よりも場を優先する。たとえば，印刷工であるとか，エンジニアであるということよりも，まずS社R社の者ということが優先する。つまり場，すなわち会社とか大学とかいう枠が，社会的な集団構成や集団認識に大きな役割を持っており，個人の持つ資格は第2のことになる。

　だから中根によると，日本人にとっての個体認識としての社会学的単位は，欧米人のように個人ではなくプライマリーグループとよばれるものに近く，常にほとんど顔を合わせ仕事や生活をともにする人々からなる集団である。場における仕事仲間と呼ばれるような1つの仕事を協力して遂行する集団が，重要な意味を帯びるわけである。このように日本人の集団編成様式が説明される。

　以上より「日本文化論」の特徴をまとめると，第1に母子一体を原型とした情緒的一体感の希求，第2に対人関係の相互依存と相互信頼，および対人関係の最重要視，第3に「資格」に対する「場」の基本的単位化と集団を構成する「場」を準拠枠とした人間関係の定着と要約することができよう。

2）「日本文化論」と適応過剰との関連

　ごく簡単にではあるが，代表的「日本文化論」より特徴的な日本的社会関係について言及した。繰り返すがここで取り上げた議論だけでも種々の論争点があり，一律的な定式化を許さない。そのことについては後に言及するとして，適応過剰による逸脱現象との関連について考えてみることにしよう。

　適応過剰による逸脱現象の特徴の中で，代表的「日本文化論」の特徴と共通しているのは，強い対人関係指向があることであろう。そもそも考えてみると，「日本文化論」の特徴としてあがっているものは，乳幼児期の母親との情緒的

一体化希求をもとにしていると考えられる。そこから，人間関係や行為様式の面では他者との依存や信頼を重要視することになり，集団編成面では情緒的一体化を個人にかかわる属性（「資格」）よりも重視する「場」の強調となっていくのであろう。基本的に，情緒的一体化希求という各人に社会化された指向性が基調となって，人間関係や行為様式や集団編成に反映しているのだとみなすことができよう。そのことは，それぞれ自己の経験をふまえて直感的に主張されているのだが，かなりの共通性が見られる。

　適応過剰の特徴としてあげられていた他のものについてはどうであろうか。「まじめ」であること，つまり規範的言説に対して忠実であることは，個人の道徳意識や価値観にかかわることであるが，芯となる価値的内容については空洞化していて確たるものがなく，たぶんに他律的形式的なことがらに対して忠実なのである。自己の内なる信念や理念に真剣であろうとするのではなく，一般的によいとされる学習に励むことや体型が他者から見てスリムであることに自己を強く適応させようとする律儀さのことなのである。その意味で，「まじめ」であろうとすることも，情緒的一体化の方向性の延長にあると見ることができるだろう。

　敏感で繊細な生活感覚についてはどうか。このことは個人的な性質だと言うこともできよう。しかし，エレクトリック機器による情報化された生活環境に適応するため，次第に身につけた社会化要素の部分が多く含まれているとすれば，そうしたメディアが発するメッセージの内容に影響されるであろう。テレビが発するメッセージは，日本においては情緒的一体化を促すものが多いのではないだろうか。鋭敏な生活感覚を身につけると同時に，その感覚の内容が他者との情緒的一体化を求めるものになっていくわけである。従って，その鋭敏さが後天的に社会化されて身についていく部分が大きければ大きいほど，他者との関係性に対する鋭敏さをますます強くしていくであろう。

　このように考えると，適応過剰による逸脱現象の共通項目は，それぞれ「日本文化論」によって示される特徴との結びつきが強いと考えられる。前述したように，母子一体を原型とした情緒的一体感の希求が，乳幼児期に社会化され，

第4章　不登校，摂食障害，集団内いじめと適応過剰　71

その指向性が基調になっているとみなせるだろう。

　「日本文化論」の特徴として示されるものが，現代日本人の伝統的な行為様式や社会関係であるとすれば，不登校，摂食障害，集団内いじめといった今日発生している逸脱現象は，日本人の伝統的性質を反映するような現象であると言える。現代的な社会病理的現象として出現しているものの，要因論的には，日本人の伝統的な指向性や行為様式を律儀に守っていこうとすることにあまりに熱心であるために，種々の逸脱現象形態となってしまうのである。その意味で，今日現れている適応過剰による逸脱状態は，日本的社会関係がなお連綿として基底に存在していることを示している。

3）「日本文化論」の問題点

　適応過剰における伝統と逸脱のかかわりを考えてきたが，「日本文化論」に対して，もう少し検討を要すると思われる。実際，ここで定式化しようとした「日本文化論」は，これが日本人および日本文化に対する適切な記述であると言い得るほど確定的なものではない。青木保が指摘しているように[25]，現時点は，「甘え」「タテ社会」「間人主義」など一般的に流布した「日本文化論」が問いなおされている時期でもある。

　これまでの「日本文化論」を整理した青木によれば，日本文化の論じられ方に「肯定的」と「否定的」，「特殊的」と「相対的」とがあり，年代により視点や立場が異なってくることを指摘している[26]。たとえば，1945年から1954年の間では，桑原武夫が近代主義的な視点から「日本文化」批判を展開しているのが典型例であるように，日本社会を「否定的―劣位」の「特殊性」認識へとみなす方向にスライドしているという。ところが1970年代以降になると，日本の「肯定的特殊性」を主張する者が多くなり，「日本文化中心主義」が台頭して「閉じられた」日本文化論に傾斜していくという。「イデオロギーとしての日本文化論」といわれるゆえんであり，評価的な要素が混入してしまうのである。従って，ここで伝統的側面として取り上げたい「日本文化論」は，誰の主張を参考にするにせよ，評価の別れるところである。これが日本人の伝統的行

動様式だと明確に提示できる定説はないと言ってよいだろう。本論では，逸脱現象を扱っているので，日本的社会関係のマイナス面を対象としているが，青木によって示されている整理を参考にしてなるべく評価の視点を抜いて記述してきた。

　言及した議論については，それぞれ批判も出されている。簡単にふれると，「甘え」の定義については，木村が「日本語で言う『甘え』とは，一体化を求める依存欲求を表す言葉ではなくて，いわばすでに相手に受け入れられ，一体化が成立している状態において，もしくはそのような許容が成立しているという自分本位の前提の上に立って，勝手気儘なほしいままの振舞いをすることを意味している」と指摘している。[27] 「甘え」の概念についてはその通りであろう。ただ，木村においても情緒的な一体化の成立は認める形で論じられている。

　濱口の「間人主義」論では，「間人主義」に対置されるのが「欧米」の「個人主義」であり，それは「自己中心主義」「自己依拠主義」「対人関係の手段視」という特徴によって論じられているが，そうした単線的解釈では割り切れないのではないかという疑問がある。[28] また濱口による「間人主義」の「相互依存主義」「相互信頼主義」「対人関係の本質視」といった特徴づけは，肯定的評価の入った規定だと言えるだろう。特に，「対人関係の本質視」は，良好な関係状態のもとでは対人関係への自然な配慮がなされるが，いったん関係性がぎくしゃくした不自然なものになると，それを重視する配慮心が裏目にはたらいて，相互疑惑や相互不信の状態に陥りやすくなる。そのことが，他の対人関係に波及していくと，集合的な緊張状態が発生することになる。このように，成員が「対人関係の本質視」にあまりにとらわれると，対人関係への慮りのすれ違いをまねいて，意図せざる対人間軋轢を生む可能性を孕んでいるといえる。このようなマイナス面の指摘は，「間人主義」の主張ではなされていない。そのことを問題視している議論が，逸脱を扱っている本稿だとも言えるだろう。

　中根の「タテ社会」論では，「場」の概念が明確でないこと，[29]「欧州には欧州のタテの面があって，特に内面的な神と人間との関係」にそれがあること，[30] 日本の講集団においてヨコのつながりが見られること，[31] などの指摘がある。

第4章　不登校，摂食障害，集団内いじめと適応過剰　73

以上のように，「日本文化論」の必要十分な記述に至るには種々の問題点を解決する必要があると考えられるが，ここで参考にした諸説はその後の議論のたたき台となったこと，そして強力な代替説が出ていないという意味において，現時点のテキスト的な意義を有しているのではないかと思われる。この点に関しなお一層の議論の深化を必要とする。注意を要するのは，それらの特徴が単純化され絶対視されることで，現実を離れて一人歩きしていくことである。ハルミ・ベフは，「日本人は集団志向性がある，とすると，日本人のあらゆる行動があたかも集団の原理に基づいているかの如くにとられ，個人主義に基づいた行動は日本人には不可能であるかの如くに解釈される」ことを指摘している。[32]

3　社会規範への同調と逸脱

1)　社会規範への同調の仕方

　逸脱とは社会や集団の規範からはずれることを意味していたが，それとは逆に人々の社会規範への同調の仕方に注目する見方もある。これまでみてきた適応過剰を，社会規範への同調の視点から考えてみることにしよう。
　宮島喬によると，社会規範への人々の同調は絶対的なものではなく，また同調行動の形式や動機づけも多様であり，それは大別して次のようなパターンに分けられるという。[33]（パターンの命名は筆者による。）
　第1は，社会規範自体が行為者によって正当な，あるいは望ましい価値を体したものと見なされ，多少とも自発的に同調がなされる場合で，「自発的同調」と名づけることができる。もっとも自然な形での同調である。R.マートンはアノミー論を展開する中で，「文化的目標」を受容し「制度的手段」に従って行動するタイプを同調型と名づけていた。[34] 全体社会において多くの者が認める文化的目標を目指して，公認の制度的手段にのっとって行動することは，まさに自立した個人のとる同調行動と言えるだろう。
　第2は，社会規範の遵守が何らかの利益をもたらすという判断から，いわば

手段的に同調がなされる場合で,「手段的同調」と名づけることができる.

　第3は,周囲からの孤立の恐れ,あるいは人々と共同歩調をとることの心理的満足からの同調が試みられる場合で,「便宜的同調」と名づけることができる.今はやりの流行に従って,自分の服装を決めるような場合である.

　第4は,もっぱら制裁を恐れ,これを回避するために同調が行われる場合で,「制裁回避的同調」と名づけることができる.先生にチクる(密告する)と仲間外れの制裁を受けるとわかっていれば,よくないとわかっていても,教室内の同級生グループでおこっているいじめに見て見ぬふりをする場合がそうであろう.

　自発的同調以外は,必ずしも明瞭に区別できない場合が多い.子どものいじめの場合にも当てはまるが,共同体の中で非公式に結束して取り決めを行い,それが持続する場合,共同体のメンバーが同調する動機はいくつもあることが多いだろう.たとえば,地域の同業者が集まっていわゆる「談合」が行われる場合,そのメンバーが取り決めに従うのは,自分にも利益を受ける機会が回ってくるという「手段的同調」であり,他のメンバーと共同歩調を取るという意味で「便宜的同調」であり,従わなければ成員性の剥奪など制裁を受けるのでそれを恐れて従う「制裁回避的同調」でもあるということになるだろう.取り決めが伝統的に長く維持されている場合や同じ人間関係を維持していかなければならない場合には,このように同調する動機はいくつも重なってくるだろう.

　自発的同調についても,現代社会においては何らかの同調圧力が働いていると考えるべきであろう.自発性と社会的圧力の問題は様々な難解な問題をはらんでいるので,ここでは十分にふれられないが[35],わかりやすい例をあげると,恒吉僚子が小学校の日米比較より次のような指摘をしている[36].

　恒吉によると,日本の小学校は,一貫して児童の内面,特に感情や動機に焦点を当てるシステムになっているという.児童は「自発的」に集団に同調することが奨励され,自発的同調を促す指導がなされる.たとえば,掃除においては,全員が協力して掃除した結果,教室がきれいになり,勉強しやすくなったと児童が感じて「自発的に」協力したくなるように配慮されているのだという.

自発的同調の奨励であり，この点に関して，東洋は「賞罰で追込むのに比べて日本のやり方は巧みでスマートな方略だともいえる一方，自己規制の導入で自由な発展を拘束し，自分の中に葛藤を持ち込ませるおそれがあるともいえる」と述べている。このような自己規制の導入の結果，他者との関係や自分の中に葛藤を生じさせたり，身体的な病理状態を招いているのが，適応過剰の不全状態だと言えよう。

2） 同調と適応過剰の問題

今日逸脱現象とみなされるもののうち，逸脱主体の社会規範へのかまえに注目してみると，大きく意図的否定タイプと律儀的規範受容タイプとに分けられるだろう。もちろん逸脱現象として現象化する限り，外的基準としての社会規範に違反している結果になることは間違いない。そうなるプロセスにおいて，当事者が直面する社会規範を否定するか，それを受容するかの違いである。

意図的否定タイプの行動においては，非行や犯罪のごく普通のケースとして受入れられるであろう。単調な生活に耐えられずに刺激を求めてシンナーを吸ったりする場合，富を得るための計画的な殺人を行う場合などがそれである。その意味で，R.マートンのアノミー型行動，つまり文化的目標あるいは制度的手段を拒否するタイプの行動と同じである。

律儀的規範受容タイプの行動の場合，当人は社会規範に忠実に従おうとしている。しかし，結果的に逸脱してしまう場合である。これは，社会規範への適・不適の問題であり，能力的に欠いているか，あまりに適応したいという気持ちが強すぎてしまい，バランスをくずしてしまうかである。

本論では，後者の方にもっぱら注目してきた。つまり，適応過剰として現れる逸脱現象が，律儀的規範受容タイプに属する。守るのが望ましいはずの社会規範に律儀であることが災いしているのである。このことは，社会規範への同調意識が強すぎるためだと考えることができる。

同調行動もその程度に応じていくつかに区分することができる。頼藤和寛は同調の程度を「社会化連続体」として5段階に分けて位置づけている。それを

図表4-1　同調の程度の5段階の例

	積極的逸脱 同調意識なし	同調不足	標準的同調	同調過多	消極的逸脱 脅迫的同調
社会化の 度合い	社会化されず	少し弱い	過不足なし	やや強い	きわめて強い
法律へ の態度	無法者	ルーズ	普通	律儀な潔癖主義	自己中心的 徹底順法

参考にしながら、社会規範への同調の段階づけをしたのが**図表4-1**である。

標準的同調をバランスのとれた状態として、「同調不足」「積極的逸脱」の方へ向かうのが意図的否定タイプであり、逆に「同調過多」「消極的逸脱」の方へ向かうのが律儀的規範受容タイプである。後者においては、社会化の度合いは強く一見望ましいようだが、強くなるほどバランスがくずれてどこかに支障が生じるのである。態度が固すぎる、まじめすぎる、融通がきかない、潔癖主義であるなどである。

おわりに

本章で扱ってきたのは、学校での人間関係における期待のまなざしへの過剰行動による不全状態からの不登校、スリムであれという規範的要請への過剰な執着による摂食障害、集団状況への同一化過剰によるいじめであるが、それらは律儀に周囲の要請的期待や社会規範に同調しようとした結果生じたものである。

人間の行動における過剰ということは、なかなか判定のしにくいことであり、当人にとっては熱心さや思いこみの結果としてそのような状態に至るわけで、社会が望ましいものとして指し示す規範的要請の罠にはまったようなものであろう。そうした罠にはまらないためには、枠組みそのものから距離をおけるような拠点を作り上げること、つまりあるとされる規範的要請を笑い飛ばせるほどの自立的な価値観を作り上げることが必要となるのであろう。

1） 宝月誠『逸脱論の研究』，恒星社厚生閣，1990年，306-307頁。また宝月誠「逸脱」森岡清美・塩原勉・本間康平編『新社会学辞典』，有斐閣，1993年，49頁。
2） H. ベッカー（村上直之訳）『アウトサイダーズ』，新泉社，1978年（原著1963年），18頁。
3） 竹川郁雄『いじめと不登校の社会学―集団状況と同一化意識』，法律文化社，1993年，141-142頁。
4） 頼藤和寛『いま問いなおす登校拒否―これからの見方と対応』，人文書院，1994年，90頁。
5） 小泉英二編著『登校拒否―その心理と治療』，学事出版，1973年，16頁。
6） 小泉英二編著『続登校拒否―治療の再検討』，学事出版，1980年，22-23頁。
7） 崎尾英子『新しい子供たち―日本を変える登校拒否児』，彩古書房，1992年，22-23頁。
8） 竹内常一『子どもの自分くずしと自分つくり』，東京大学出版会，1987年，69-70頁。
9） 竹内常一『10代との対話―学校ってなあに』，青木書店，1993年，51-94頁。
10） 竹内，同書，88頁。
11） 筒野友信「食行動異常の原因」，筒井末春編『食行動異常』，同朋社，1989年，25-39頁。
12） 中島梓『コミュニケーション不全症候群』，筑摩書房，1991年，87-143頁。
13） 中島，同書，134頁。
14） 中島，同書，133頁。
15） 森田洋司「変わりゆく『いじめ』の世界」森田洋司，清永賢二『いじめ―教室の病』新訂版，金子書房，1994年，14-15頁。
16） 竹川，前掲書，55頁。
17） 集団状況の一般的変化については次のものを参照のこと。竹川，前掲書，37-46頁。また，学級集団内でのいじめの発生については，第3章第2節および第10章第2節も参照のこと。
18） 中島，前掲書，131-133頁。
19） 崎尾，前掲書，90-91頁。
20） 土居健郎『「甘え」の構造』，弘文堂，1971年，80-83頁。
21） 東洋・柏木恵子・R. D. ヘス『母親の態度・行動と子どもの知的発達』，東京大学出版会，1981年，301-306頁。
22） 浜口恵俊『間人主義の社会―日本』，東洋経済新報社，1982年，13-14頁。
23） 木村敏『人と人との間―精神病理学的日本論』，弘文堂，1972年，129-146頁。
24） 中根千枝『タテ社会の人間関係―単一社会の理論』，講談社，1967年，26-67頁。
25） 青木保『「日本文化論」の変容』，中央公論社，1990年，53-155頁。
26） 青木，同書，156-172頁。
27） 木村，前掲書，149頁。
28） 青木，前掲書，147頁。
29） 杉本良夫・ロス・マオア『日本人は「日本的」か―特殊論を越え多元的分析へ』，東

洋経済新報社, 1982 年, 164-5 頁。
30) 大橋良介「現代の思想状況と日本的なるもの」第 14 次国民生活審議会総合制作部会二一世紀の社会構造委員会報告『個の実現を支える新たな絆を求めて』, 大蔵省印刷局, 1994 年, 51-52 頁。
31) 青木, 前掲書, 149 頁。
32) ハルミ・ベフ『増補イデオロギーとしての日本文化論』, 思想の科学社, 1987 年, 40 頁。
33) 宮島喬「社会規範」北川隆吉監修『現代社会学辞典』, 有信堂高文社, 1984 年, 209 頁。
34) R.マートン(森東吾・森好夫・金沢実・中島竜太郎訳)『社会理論と社会構造』, みすず書房, 1961 年(原著 1957 年), 129-130 頁。
35) 宮島喬は,「こうした合理的な解釈の適用しがたい境界上に多くの規範同調行動があるのも事実であって, M.ヴェーバーのいう伝統的行為, ブルデューのいうハビトゥスによる実践行動などは別の観点からの考察を必要とする」と述べている。宮島喬「社会規範」森岡清美・塩原勉・本間康平編『新社会学辞典』, 有斐閣, 1993 年, 607 頁。このことは, 上の 4 つのタイプにはおさまらない同調行動があるということであるが, 社会規範に対する個人の行為の同調様式に注目する際の長所は, 個人の意志や行動形態と関連したところで社会規範の作動を考慮することができるということであろう。もちろん, そのことがどのような社会制度や社会体制のもとで生じるのか位置づけることも重要であろう。
36) 恒吉僚子『人間形成の日米比較―かくれたカリキュラム』, 中央公論社, 1992 年, 76-77 頁。
37) 東洋『日本人のしつけと教育―発達の日米比較にもとづいて』, 東京大学出版会, 1994 年, 88 頁。
38) 頼藤和寛『賢い利己主義のすすめ―ポスト・モラリズム宣言』, 人文書院, 1996 年, 83-85 頁。

第5章　いじめとしつけを人々はどのように
　　　　とらえているか ——松山市民への調査より——

はじめに

　現代日本社会において学校を主な舞台として発生するいじめについて考えてみると，実にさまざまな要因が絡み合って生じており，容易に解明し得ない現象であると言える。すなわち，攻撃行動として表出される個人内在的要因，児童生徒の発達要因，対人関係の様態，集団力学，学級経営や指導体制，都市化と地域の連携，マスコミの報道や教育行政，社会的潮流や消費・情報社会の進行などさまざまに考えられる。

　そうした論点は，児童生徒に対して実施した調査より得られるデータから考察できるものもあれば，児童生徒をとりまく人々によって形成される社会意識を追究することにより考察できるものもあるであろう。本章では，後者の考察を意図し，現代日本社会においていじめやしつけ問題の背景的要因の1つであると考えられる社会的潮流，あるいはいじめやしつけに関する集合意識とでも呼ぶべきものを探ろうとしている。

　いじめに関しては，いじめられる側にも責任があるとみなす意識を中心に，しつけに関しては，他人の子どもを叱る際の問題を中心に，調査データを見ながら考察していきたいと思う。

1　調査の実施について

　児童生徒の意識は，先生や両親をはじめとして，周囲の大人の考え方や態度

の影響を強く受けていると考えられる。いじめはよくないというのが一般的な考えであるが，それがどの程度よくないのか，実際に遭遇した際どのように接していけばよいのか，いじめとして認知されるといじめる側にどの程度責任や非難的行為が加えられるのかなどの判断は，大人のいじめに対する意識がどのようなものであるかによって大きく影響されるであろう。このことから，大人社会におけるいじめに対する意識と，それを支える社会的潮流などを探ることが重要であると考えられる。

　このことを追究するため，地方都市の一般市民を対象として質問紙調査を実施した。1)これは，従来のいじめ調査をふまえて現代日本人の意識にかかわる質問項目を作成し，それといじめに対する意識との関連性を探ることを意図したものである。また，いじめや子どものしつけについての自由記述欄をもうけ，今日の地方都市住民が，いじめ問題をどのようにとらえているのか探ろうとしている。

　調査は質問紙による郵送調査として実施し，いじめやしつけに関するこれまでの問題点や学校に関するものに，生活価値観に関わる質問項目を加えて設定した。それらは，①いじめ問題質問群（いじめの経験や意見項目），②しつけ・社会環境質問群（家庭の教育力や子どもの叱り方など），③学校に関する質問群（先生の権威や個性重視など），④生活価値観についての質問群（家族観や人生観など），⑤属性項目（性別，年代など），⑥自由回答（いじめと子どものしつけについて）である。

　調査の実施は次のように行った。愛媛県松山市の一般市民を母集団として，松山市選挙管理委員会の承認を得て，選挙人名簿よりサンプリングを実施し，12名の作業員が調査対象者原簿を作成した。具体的には，松山市在住の市民376,655人（平成14年9月2日現在）より，可能な限り無作為になるようにして，1,300人を抽出した。

　2002年10月30日に調査票を郵送し，調査期間は10月30日より11月20日としたが，郵便による返送という性質上その後の返送も受け入れることとした。調査対象者に届かず返送されてきたものは，転居によるもの8人，住居不

明 5 人であった。最終的に有効な回答者は 575 人で回答率 44.2％であった[2]。

　対象者の属性は，性別では男性 225 名（39.1％），女性 350 名（60.9％），年代別では 20 代 68 名（11.8％），30 代 97 名（16.9％），40 代 89 名（15.5％），50 代 127 名（22.1％），60 代 110 名（19.1％），70 代以上 76 名（13.2％），不明 8 名（1.4％）であった。

　また，松山在住年数は，1 年未満 10 名（1.7％），1～5 年未満 40 名（7.0％），5～10 年未満 33 名（5.7％），10～20 年未満 84 名（14.6％），20 年以上 401 名（69.7％），不明 7 名（1.2％）であった。20 年以上松山に住んでいる人が 70％以上を占めている。筆者が 1995 年に実施した選挙人名簿抽出による同種の郵送調査では，21 年以上の松山市在住者が 69.3％であり，このことからもほぼ 70％の人々が松山市に 20 年以上住んでいるといえるであろう。

2　一般の人々のいじめに関する意識

1） いじめ経験について

　幼少期にいじめたり，いじめられたりしたことがあるかどうかが，いじめに対する意識にもっとも大きな影響を与えているであろう。そこでいじめ経験別に意識の差があるかどうか調べてみた。なお，この調査では調査者側のいじめ定義を提示することをせず，いじめについては各人のイメージに従って回答してもらうこととした。筆者はいじめの定義を「集団内の相互作用過程の中で，腕力や資源動員能力において，その時の状況から相対的に優位に立つ一方が劣位の者に対して，通常目的と手段の間に正当的根拠がないか，合っても過度に及ぶ手段によって，精神的ないしは身体的な苦痛を与える攻撃的行為である」としているが[3]，このような定義を示しても，それによって対象者のいじめのイメージや意見にあまり変化はないであろうし，かえって調査への抵抗感ばかりを助長して拒否されてしまいかねないと考えたためである。

　小中学校時代にいじめたり，いじめられたりしたことがあるか尋ねているこ

図表 5-1 「いじめの経験」の男女別および年代別表

横の% (人数)	1. 全くない	2. いじめたが, いじめられていない	3. いじめられたが, いじめていない	4. いじめたし, いじめられた
男性	47.3(105)	8.6(19)	19.8(44)	24.3(54)
女性	58.1(201)	4.3(15)	20.5(71)	17.1(59)
計	53.9(306)	6.0(34)	20.2(115)	19.9(113)
20代	43.3(29)	10.4(7)	26.9(18)	19.4(13)
30代	35.4(34)	10.4(10)	22.9(22)	31.3(30)
40代	52.8(47)	7.9(7)	20.2(18)	19.1(17)
50代	59.8(76)	3.9(5)	21.3(27)	15.0(19)
60代	59.3(64)	2.8(3)	17.6(19)	20.4(22)
70代以上	68.0(51)	1.3(1)	14.7(11)	16.0(12)
計	53.6(301)	5.9(33)	20.5(115)	20.1(113)

1) 男女別　　$\chi^2 = 10.583$　df -35　$p < 0.05$
2) 年代別　　$\chi^2 = 34.940$　df -15　$p < 0.05$

の図表 5-1 を見ると，年齢が若いほど「いじめたが，いじめられていない」（以下「いじめ加害」と記述）も「いじめられたが，いじめていない」（以下「いじめ被害」と記述）も多くなっていることがわかる。「いじめ加害」と「いじめ被害」の回答比率は，年代が若くなるとともにほぼ段階的に増加しており，年代が若いほど「いじめ加害」と「いじめ被害」の立場が固定化している。「いじめたし，いじめられた」（以下「いじめ加害被害」と記述）の回答率は年代別ではあまり違わず，この回答は相互に加害被害を経験している状態であるから，対人関係や集団内での軽微な感情的もつれによるもので，散発的に発生するものだと考えられる。これだけの傾向からではあるが，若い年代の方がいじめ加害といじめ被害が固定化しており，そのために被害側のダメージも大きいのではないかと思われる。

そうした傾向の中で，30代の人たちの回答がいじめ経験が高くなっていることを示している。彼らは，ちょうどいじめの問題が日本において社会問題化した時期に中学校時代を経験しており，学校内で実際にいじめが頻発していたのだとみられる。1984年に大阪産業大学附属高校の男子がいじめの仕返しに殺されるという事件が発生し，マスコミが一斉にいじめ問題を報道しはじめた

図表5-2 「いじめの経験」と「いじめっ子の犯罪の可能性」とのクロス

横の% 犯罪の可能性	1. 高いと思う	2. 高いとは思わない
全くない	60.3(175)	39.7(115)
いじめたが，いじめられていない	41.2(14)	58.8(20)
いじめられたが，いじめていない	64.2(70)	35.8(39)
いじめたし，いじめられた	41.8(46)	58.2(64)

$$\chi^2 = 17.230 \quad df\text{-}3 \quad p < 0.01$$

頃でもあり，いじめに対する関心も高かったためにいじめの経験も認知度が高くなるのであろう。いじめの経験は，いじめの関心度と連動すると考えられ，その点を考慮しつつ数値を読む必要がある。

　男女別でも有意差が見られる。いじめの経験が「全くない」と回答している者は，男性で47.3％，女性で58.1％であり，男性の方がいじめ経験が多くなっている。男性はいじめ加害の方に女性と比べて多く回答し，女性は男性よりいじめ被害の方に回答する傾向が見られる。

2) いじめ経験者の意識

1 「いじめの経験」と「いじめっ子の犯罪の可能性」との関連

　いじめの経験といじめっ子が将来犯罪を犯す可能性との関連を見たのが，図表5-2である。ダン・オルウェーズはいじめっ子の追跡調査の結果，学校でいじめをしていた生徒が青年期に達した時に，公式の犯罪記録に載るような深刻で常習的な犯罪を犯す割合は，普通の子どもの4倍であったと書いている[4]。欧米においては，いじめ加害は非行・犯罪と結びつくのではないかという考えが強いのに対して，日本ではそのように考える傾向が弱いのではないかとみられ，その点に関して一般の人々がどのようにとらえているのか探ろうとしたものである。

　いじめの経験が「全くない」と回答した人と比較すると，いじめられる一方の人が犯罪の可能性が「高いと思う」と答え，「いじめ加害」の人と「いじめ加害被害」の人は「高いとは思わない」と回答する傾向が見られる。いじめを受けた時に一方的に攻撃された経験が，いじめっ子の犯罪可能性を強く想起さ

図表5-3 「いじめの経験」と「まじめさはどれくらい大切か」とのクロス

横の%	まじめさは	1.（かなり）大切	2.（あまり）大切でない
全くない		93.9(277)	6.1(18)
いじめたが，いじめられていない		75.0(24)	25.0(8)
いじめられたが，いじめていない		93.6(103)	6.4(7)
いじめたし，いじめられた		84.3(91)	15.7(17)

$\chi^2 = 19.592$　df -3　$p < 0.001$

せているのであろう。逆にいじめた経験のある者は，自己のこれまでの経験では犯罪をしていないのだからその可能性は低いと考えているか，かつて自分が行ったいじめ加害行為を犯罪行為と同種のものとみなしたくないという意識からそのように回答しているのではないかと考えられる。

2　「いじめの経験」と「まじめさはどれくらい大切か」との関連

　図表5-3は，「今の子どもに，次のことはどれくらい大切だと思いますか」と質問し，「まじめさ」について「大切」（「かなり大切」と「大切」を合わせたもの）と「大切でない」（「あまり大切でない」と「大切でない」を合わせたもの）とに分けてクロスしたものである。「いじめ加害」回答者は，「まじめさ」を大切でないと回答している比率が最も高く，次いで「いじめ加害被害」回答者が高くなり，「いじめ被害」回答者はいじめ経験の全くない者とあまり差がない。このように加害性が強いほど，「いじめ加害」回答者は「まじめさ」を大切でないとみなす傾向がある。「協調性」についても大切かどうか質問しているが，「いじめの経験」別では有意な差はなかった。「まじめさ」は，いじめ加害性が強くなるほど，否定的なこととして意識される傾向がある。

　この調査においては，豊かさについて質問している。物質的豊かさが子どもの育つ環境に影響を与えているであろう，ということは，誰にも受け入れられることであろうが，それがよいことかどうか，一般の人々はどのようにとらえているか尋ねてみた。その結果，「よいことだ」は6.9％，「よくないことだ」は36.7％，「どちらとも言えない」は56.4％であった。「どちらとも言えない」と回答している人が半数以上で，そう単純ではないということであろうが，

図表5-4 「いじめの経験」と「物が豊富ですぐ満たされ忍耐力が身につかない」とのクロス

横の% 豊かさは忍耐力が身につかない	1. そう思う	2. そう思わない
全くない	68.3(209)	31.7(97)
いじめたが，いじめられていない	41.2(14)	58.8(20)
いじめられたが，いじめていない	73.0(84)	27.0(31)
いじめたし，いじめられた	69.9(79)	30.1(34)

$\chi^2 = 19.592$ df -3 $p < 0.001$

否定的な人が多いといえる。

3 「いじめの経験」と「物が豊富ですぐ満たされ，忍耐力が身につかない」との関連

さらに，「物の豊かさは子どもにどのような影響を与えると思いますか」と尋ねて，設定した6項目に当てはまるものを選択してもらった。(多重回答)それらのうち，「物が豊富ですぐ満たされ，忍耐力が身につかない」の有無と「いじめの経験」とのクロスにおいて有意な差が見いだされた。図表5-4はそれを示したもので，「そう思う」と選択したものは，「いじめ被害」回答者で73.0％，「いじめ被害加害」回答者で69.9％といじめの経験が「全くない」と回答した者の68.3％を上回っている。それに対し，「いじめ加害」回答者は41.2％と低くなっている。

「忍耐力が身につかない」ことについては，いじめ被害側のいじめに耐えることと，いじめ加害側のすぐ攻撃的となることとの両面で考えられるが，回答傾向から見るといじめ加害側のすぐ攻撃的となる面で回答しているようである。そのように解釈すると，いじめ加害側には忍耐力欠如から攻撃的となることを否定する意識がみられる。

3) いじめ被害者に対する有責性意識

いじめ被害者に対する有責性意識を，「いじめられる側にも責任があるという考えについてどう思いますか」と質問したところ，「いじめられる側にも責

図表5-5　「いじめのとらえ方」といじめられる側にも責任があるかとのクロス表

「いじめのとらえ方」の% （人数）〈全体の%〉	1. 責任はない	2. 責任がある
少しぐらいあった方がよい	26.8(22)〈 4.2〉	73.2(60)〈11.5〉
たいしたことではない	50.0(2)〈 0.4〉	50.0(2)〈 0.4〉
いつも悪いとは言えない	15.5(15)〈 2.9〉	84.5(82)〈15.6〉
絶対に許してはいけない	51.7(296)〈29.2〉	48.3(143)〈27.3〉
よくわからない	31.1(14)〈 2.7〉	68.9(31)〈 5.9〉

$\chi^2 = 48.947$　df-4　$p<0.01$

任がある」と回答した人は60.9%で，性別では男性57.3%，女性63.2%で女性の方がわずかに高く（有意差なし），年代別では有意差はあったものの（p＜0.1）一定の傾向が見られなかった。

1　「いじめのとらえ方」といじめられる側にも責任があるかとの関連

　これに対して，「いじめのとらえ方」質問（「あなたはいじめについてどう思いますか。次より一番近いものに○をしてください」と質問して，「いじめたりいじめられたりして強くなるから，少しぐらいあった方がよい」「ふざけ半分でやっているのだから，たいしたことではない」「理由によっては弱いものいじめがいつも悪いとは言えない」「たとえ，どんな理由があっても絶対に許してはいけない」「よくわからない」という5つの項目より選択するもの）においては，「たとえ，どんな理由があっても絶対に許してはいけない」と回答した者は56.6%となっている。この質問では，いじめを許してはいけないという回答が6割近くを占めており，いじめを許してはいけないという意見を持っていても，いじめられる側にも責任があると考える人がいることを示している。

　そこで，「いじめのとらえ方」と「いじめられる側にも責任があるか」とのクロスを掲げたのが図表5-5である。それを見ると，「責任がある」において高いのは，「理由によっては弱いものいじめがいつも悪いとは言えない」（84.5%，全体では15.6%），次いで「いじめたりいじめられたりして強くなるから，少しぐらいあった方がよい」（73.2%，全体では11.5%）である。これらは

「いじめのとらえ方」の選択肢の中でも内容的に「いじめられる側にも責任がある」に近い項目であり，相関するのは当然だと考えられるが，こうした回答はいじめ行為をいじめ加害側が常に悪いとみていないことを示している。

「いじめを絶対に許してはいけない」と回答した人のうち「いじめられる側に責任はない」と回答している人は，51.7％であり，この人たちはいじめに対し強く拒絶感を持ちいじめ被害側の有責性を否定する人たちである。いじめはもちろん正当化しえない攻撃行動である。いじめ防止の立場からすれば，これらの人たちが最も望ましいということになるだろう。彼らは全体では29.2％と3割近くを占めている。

それに対して，「いじめを絶対に許してはいけない」と回答した人のうち「いじめられる側にも責任がある」と回答している人は48.3％となっている。いじめ問題の一般的視点よりとらえるならば，世間で問題視されていることから，「いじめを絶対に許してはいけない」という道義的なとらえ方になるのであろうが，いじめ，いじめられの関係性のところでみてみると，対人関係における相対的視点が入って，いじめ加害側が一方的に責任ありというふうにはとらえられない，人間関係面での複雑性を考慮した見方がなされるのであろうと考えられる。

4） いじめ被害側への有責性意識を探る

いじめ被害側への有責性意識がどのような意識と結びついているかを探るために，調査で実施した質問項目とクロスさせてみる。

1 「被害側への有責性意識」と「背景要因としての被害感情」との関連

いじめの背景的原因について複数選択可で回答した項目のうち，「子どもの感性が豊かになって，ちょっとしたことでも被害感情を持つ」ことを背景的原因であると回答している人は89人（15.4％）いる。その中で，いじめ被害側にも責任があると回答している人は67人（75.3％）となっており，背景的原因であると回答していない人より多くなっている。

図表5-6 いじめの背景的原因として「ちょっとしたことでも被害感情を持つ」といじめられる側にも責任があるかどうかとのクロス表

横の％（人数）	1. 責任はない	2. 責任がある
被害感情を持つのが背景的原因だ	24.7(22)	75.3(67)
背景的原因ではない	42.0(191)	58.0(264)

$\chi^2 = 9.307$　df-1　$p < 0.01$

　このことは，「子どもの感性が豊かになってちょっとしたことでも被害感情を持つ」ことがいじめにつながっており，従っていじめられる側にも責任があると考えるのであろう。ちょっとしたことでも被害感情を持つことが，いじめられる側の有責性のひとつの理由としてとらえられていると考えられる。それに対し，背景的原因ではない（選択していない）人の中では，「責任はある」と回答している人は58.0％で，全体の比率60.9％より少し低くなっている。

2　「被害側への有責性意識」と「女性の社会進出」との関連

　図表5-7では，「女性の社会進出はよいことだ」ということに対し「反対」（「そう思わない」と「どちらかといえばそう思わない」を合わせたもの）の意見の人の中に，いじめられる側にも責任があると回答する人が多い（73.8％）という傾向が見られる。それに対し，「女性の社会進出はよいことだ」という意見に「賛成」（「そう思う」と「どちらかといえばそう思う」を合わせたもの）の人の中では，「いじめられる側には責任はない」と回答する人が59.3％で，全体比率の60.9％に近い。

　これより，女性の社会進出をよいことと考えない意識といじめられる側にも責任があると考える意識とが関連しているとみなすことができよう。前述したように年代別で老若による傾向は見いだせなかったので，年代に関係なく女性の社会進出をよいと思わない，その意味で男性中心の伝統的な社会観と，いじめ被害側にも有責性があることとが関連していると考えられる。

　なお，男女別で「女性の社会進出」と「いじめられる側にも責任があるか」とのクロスを作成してみると，女性では有意な差が出なかったが，男性ではあ

図表5-7　女性の社会進出はよいかどうかといじめられる側にも責任があるかのクロス表

横の%（人数）		1. 責任はない	2. 責任がある
女性の社会進出はよいことだ	賛成	40.7(194)	59.3(283)
	反対	26.2(16)	73.8(45)

$\chi^2 = 4.740$　df -1　$p < 0.05$

った（$x = 4.788$　df - 1 $p < 0.05$）。男性において、既得権を重視する形での不平等意識が、いじめられる側にも責任があると考える意識と相関している。

3　「被害側への有責性意識」と「子どものことを第1にすべき」との関連

　図表5-8は、「夫婦のことよりも子どものことを第1に考えるべき」であるかどうかとのクロス表である。いじめられる側にも責任があると考える意見について、「夫婦のことよりも子どものことを第1に考えるべきである」に「反対」（「そう思わない」と「どちらかといえばそう思わない」を合わせたもの）の人の方が、「賛成」（「そう思う」と「どちらかといえばそう思う」を合わせたもの）の人よりも多くなる傾向が見られる。

図表5-8　「子どもができたら夫婦のことよりまず子どものことを第1に考えるべきである」といじめられる側にも責任があるかのクロス表

横の%（人数）		1. 責任はない	2. 責任がある
夫婦のことよりも子どものことを第1に考えるべき	賛成	42.3(164)	57.7(224)
	反対	29.7(43)	70.3(102)

$\chi^2 = 7.069$　df -1　$p < 0.05$

　このことは、夫婦─子どもという強者─弱者の関係における強者優位の思考が、そのままいじめ加害者─いじめ被害者の関係に持ち込まれて、いじめ加害側優位の発想になる傾向があるとみることができる。また、子ども中心主義思考の方がいじめ被害側の立場に立って思考する傾向があるととらえることができる。

4 「いじめのとらえ方」と「被害側への有責性意識」による4タイプについて

前述の「いじめのとらえ方」と「いじめられる側にも責任があるかどうか」とのクロスでは、10通りの回答パターンに分かれていたが、その中で人数の多いものを4つ選び、それらの回答タイプの人たちの意識傾向について検討を行う。4つのタイプとは、①〈「少しぐらいあった方がよい」と「いじめられる側にも責任あり」〉回答（60名）、②〈「いじめがいつも悪いとは言えない」と「いじめられる側にも責任あり」〉回答（82名）、③〈「いじめを絶対許してはいけない」と「いじめられる側にも責任あり」〉回答（143名）、④〈「いじめを絶対許してはいけない」と「いじめられる側には責任はない」〉回答（296名）である。他の回答パターンは人数が少なく分析に不向きであるというのが主な理由であるが、特に「いじめを絶対許してはいけない」と「いじめられる側にも責任あり」回答を中心に考え、そのような回答となった意識傾向を探りたい。

図表5-9は「海外のいじめ研究では、いじめをしていた生徒は普通の子どもよりも4倍も犯罪を犯すようになるというデータがありますが、あなたはいじめっ子が将来犯罪を犯す可能性が高いと思いますか」という質問で、「1．高いと思う」か「2．高いとは思わない」かの選択肢において、4つのタイプでどのように回答されているかを示したものである。唐突に「犯罪を犯す可能性が高いか」と尋ねるのを避けるために、海外でのデータを紹介した文章を入れているのだが、これにより誘導的となっているかもしれない。

図表5-9によるといじめっ子が将来犯罪を犯す可能性が高いと回答している人は、〈「絶対許してはいけない」・「責任なし」〉（66.9％）と〈「絶対許してはいけない」・「責任あり」〉（65.2％）と回答している人たちで、逆に可能性が低いと回答している人は、〈「少しぐらいあった方がよい」・「責任あり」〉（66.1％）と〈「いつも悪いとは言えない」・「責任あり」〉（55.7％）と回答している人たちである。

「絶対許してはいけない」と回答している人においては、いじめられる側の責任の「あり」「なし」にかかわらず、犯罪を犯す可能性が高いと回答する率

図表5-9 「いじめから犯罪への可能性」質問に対する4タイプの人たちの回答

横の％（人数）	1．高いと思う	2．高いとは思わない
「少しぐらいあった方がよい」・「責任あり」	33.9(20)	66.1(39)
「いつも悪いとは言えない」・「責任あり」	44.3(35)	55.7(44)
「絶対許してはいけない」・「責任あり」	65.2(90)	34.8(48)
「絶対許してはいけない」・「責任なし」	66.9(99)	33.1(49)

$$\chi^2 = 27.791 \quad df = 3 \quad p < 0.01$$

が高くなっている。「いじめのとらえ方」と「いじめっ子が将来犯罪を犯す可能性」とのクロスでもその傾向はでており，「絶対許してはいけない」と回答している人の中で責任の「あり」「なし」による意識の相違はここでは見られなかった。

　図表5-10は「子どもの要領のよさ」が大切かどうか尋ねたものについてのタイプ別回答である。ここでは，〈「絶対許してはいけない」・「責任あり」〉回答は，〈「少しぐらいあった方がよい」・「責任あり」〉回答や〈「いつも悪いとは言えない」・「責任あり」〉回答の比率と近くなっている。

　子どもにとっての大切なものを尋ねている中で，「要領のよさ」は「思いやり」や「礼儀正しさ」などと比べて全般的に大切さの回答が低く，あまり大切だとは考えられていない項目である。「要領のよさ」はものごとの本質でなく小手先の器用さでうまくやってしまう能力といったイメージがあると考えられ，そのことから大切だとみなさない人がいるのであろう。逆に，複雑な対人関係ではそうした能力も必要だとみなして大切だと考える人もいるであろう。

　「責任あり」回答の3タイプで，「要領のよさ」は大切だという回答に高い比率を示しており，〈「絶対許してはいけない」・「責任あり」〉回答も対人関係等の処理能力を高くみなす意識があると考えられる。

5　いじめられる側への有責性意識

　「いじめられる側にも責任がある」という意識について，以上分析してきたことをまとめると次のようになる。

図表5-10　「子どもに要領のよさは大切か」質問に対する4タイプの人たちの回答

横の％（人数）	1.「かなり大切」または「大切」	2.「あまり大切でない」または「大切でない」
「少しぐらいあった方がよい」・「責任あり」	55.4(31)	44.6(25)
「いつも悪いとは言えない」・「責任あり」	50.0(41)	50.0(41)
「絶対許してはいけない」・「責任あり」	51.1(72)	48.9(69)
「絶対許してはいけない」・「責任なし」	38.1(56)	61.9(91)

$\chi^2 = 7.481$　df-3　$p < 0.1$

いじめられる側にも責任があると回答した人は60.9％で、性別では男性57.3％、女性63.2％で女性の方がわずかに高く、年代別では傾向が見られなかった。

「いじめのとらえ方」質問における「少しぐらいあった方がよい」と「いつも悪いとは言えない」回答では「責任がある」と回答している者の比率が高く、「絶対に許してはいけない」回答では低くなっているが、それでも48.3％が「責任がある」と回答していた。また、「ちょっとしたことでも被害感情を持つ」ことが、いじめられる側の有責性の1つの理由としてとらえられる傾向があった。

いじめられる側にも責任があるという回答は、「女性の社会進出」や「子どもを第1に考えること」に反対する意識と結びついており、不平等性や強者中心の考え方と関連しているととらえられた。

〈いじめを「絶対許してはいけない」がいじめられる側にも「責任がある」〉と回答している者は、「いじめから犯罪への可能性」は「高い」と回答する傾向が、〈「いじめのとらえ方」についての他の「責任がある」〉回答より高く、また「子どもに要領のよさは大切」かを尋ねた質問では、〈いじめを「絶対許してはいけない」がいじめられる側には「責任がない」〉と回答している者より13.0％高くなっていた。

これらの傾向の解釈として、次のように考えられよう。田中貴美子は「いじめられるのは、いじめられるだけの原因がある」などと言って、いじめる側を叱らず、逆にいじめられる側を責めるような本末転倒の姿勢が、いじめに関し

て長い間まかり通ってきた原因も，もとはといえば善悪のけじめをあいまいにする日本的伝統に根ざしていると述べている。善悪のけじめをしっかりつけるという勧善懲悪型の思考は，欧米，特にアメリカに強く見られる思考であろうが，日本ではそのような思考ではなくそれぞれの言い分を考慮してその中で判断する，従って対立する者どちら側にも応分の落ち度があり，いじめの場合，いじめる側だけが一方的に悪いのではなく，いじめられる側にもなにがしかの原因があるととらえられる。そうなれば，ほんのわずかのことがらであっても，いじめられるのはいじめられるだけの原因があるということになってしまうのである。

　このことは，さまざまに考えられる原因のうち自分にとって有利なものを主張しそれを押し通してしまうことと共にあるので，そこでの勢力関係も大いに影響しているであろう。まさに，普段の優位─劣位関係性がいじめ被害側の有責性意識を増幅させているのである。

　以上より，いじめ被害側への有責性意識を形成していると思われる要素を考えてみると次のようなものがあげられる。第1は強者側の強引さ，傲慢さの意識である。いじめ被害者，女性，子どもに対する強者の意識がみられる。第2は自己利益指向である。利己的で他者に配慮しようとしない意識である。第3はある種の伝統指向である。女性の社会進出をよく思わない傾向に現れている。

　さらに，いじめ被害側の有責性意識を生じさせる理由として，いじめという現象が日常の他の事象と連続してさまざまな感情や思惑が重なり，誰にも納得のいく事象として確定できないこと，問題対処の過程においてけじめをしっかりつけて解決するという習慣のないこと，いじめ以前の日常的関係の中に加害側の優位的状態が作られていること，加害側の有責性に対する制裁が非常に弱く責任転嫁の意識が生じやすいことを指摘することができよう（これらについては第2章でも検討している）。

5）　個性か協調性か

　いじめやしつけの意識と日本人の人間関係観がどのように関連しているのか

探ることを意図して、次のような質問をした。すなわち、学校では「それぞれの個性や能力をうまく引き出すことが大切である」のか、それとも「人とうまく合わせる協調性を養うことが大切である」のかの二者択一である。

その結果、前者が51.9％、後者が48.1％と3.8％の小差で意見が分かれることとなった。男女別で有意な差はなく、年代別では弱い有意差がある（$p<0.1$）ものの、一定の傾向は見いだせなかった。学校の指導方針のあり方として質問しているのでその点に対する考慮が必要だが、集団指向的な選択肢である「人とうまく合わせる協調性」の方に集中していないことから、ただちに従来言われている日本的特徴が弱まっていると解釈するわけにはいかないだろう。このことについて、それぞれどのような意識と関連するのか他の質問項目とクロスさせてみた。

1 「学校を選べるようにする」と「個性か協調か」との関連

図表5-11は「学校を自由に選べるようにする」ことに「1．そう思う」か「2．そう思わない」かの選択とのクロスである。「個性が大切」と回答している者では「学校を自由に選べるようにする」ことに賛成の者が半数を超え、各個人の個性を重視することと、学校を自由に選ぶことができることとが関連する傾向があると言える。これらは個人の自由度を高めるという点で共通していると考えられる。それに対し、「協調性が大切」と回答している者では「学校を自由に選べるようにする」ことに反対の者が半数を超えており、一定の規制があることに賛成する意識と結びついているとみられる。

2 「アメリカ流に自己主張する生徒をどう思うか」と「個性か協調か」との関連

調査では、「長くアメリカで暮らして帰ってきた子（海外帰国子女）が、クラスの中でアメリカ流に自己主張をします。それにムカついていじめる子も出てきました。このアメリカから帰ってきた子についてどう思いますか。」と質問し、「1．その子の個性なのだから、それを認めて何とかうまくやりたい」と「2．郷に入っては郷に従えだから、その子がみんなに従うべきだ」より選択

図表5-11 「学校を選べるようにする」と「個性か協調か」と
のクロス

横の％（人数）〈縦の％〉	1. 個性が大切	2. 協調性が大切	計
そう思う	56.3(148)〈53.0〉	43.7(115)〈44.6〉	100.0(263)〈49.0〉
そうは思わない	47.8(131)〈47.0〉	52.2(143)〈55.4〉	100.0(274)〈51.0〉

$\chi^2 = 3.851$ df -1 $p < 0.1$

するという形式で質問している。この質問は，海外帰国子女のケースをふまえてそうした場合にどのように思うか尋ねたものだが，[7] 二者択一なのでどちらか選ばざるをえず，未記入者が112名と回答拒否が続出した。また，回答も1が84.0％，2が16.0％と，1が圧倒的に多く，タテマエ的な回答であると考えざるをえない集計結果となった。このようなタテマエ的回答では生活価値観などをみることはむずかしいと思われるが，2と回答した者はそれだけに一層自己の意見をはっきり表明しているととらえることもできる。

図表5-12 「アメリカ流に自己主張する生徒をどう思うか」と「個性か協調か」
とのクロス

横の％（人数）〈縦の％〉	1. 個性が大切	2. 協調性が大切	計
その子の個性なのだから，それを認めて何とかうまくやりたい	55.4(211)〈91.7〉	44.6(170)〈76.9〉	100.0(381)〈84.5〉
郷に入っては郷に従えだから，その子がみんなに従うべきだ	27.1(19)〈 8.3〉	72.9(51)〈23.1〉	100.0(70)〈15.5〉

$\chi^2 = 18.869$ df -1 $p < 0.001$

このような状態のものと「個性か協調性か」とをクロスさせたのが**図表5-12**で，「協調性が大切」と回答する者の中に，海外帰国子女の子がみんなに従うべきだと考える者が多くなっている。協調性と「みんなに従うべき」とは，他者や集団への指向性という点で共通していると考えられるので，そのような傾向は当然であるかもしれないが，そこには集合体への斉一性意識が含まれる

図表5-13 「マスメディアの助長」および「ストレス」と「個性か協調か」とのクロス

横の％（人数）〈縦の％〉		1. 個性が大切	2. 協調性が大切	計
マスメディアの助長	なし	55.9(170)〈58.8〉	44.1(134)〈50.0〉	100.0(304)〈54.6〉
	あり	47.0(119)〈41.2〉	53.0(134)〈50.0〉	100.0(253)〈45.4〉
ストレス	なし	45.8(147)〈50.9〉	54.2(174)〈64.9〉	100.0(321)〈57.6〉
	あり	60.2(142)〈49.1〉	39.8(94)〈35.1〉	100.0(236)〈42.4〉

マスメディアの助長　　$\chi^2 = 4.367$　df -1　$p < 0.05$
ストレス　　　　　　　$\chi^2 = 11.258$　df -1　$p < 0.05$

と考えられる。

3 「マスメディアの助長」および「ストレス」と「個性か協調か」との関連

図表5-13はいじめの背景的原因として多重回答で選択したもののうち，「テレビなどマス・メディアがいじめを助長させている」という項目を選択したかどうかとのクロスおよび「教育現場が受験勉強などでストレスを生む状態になっている」という項目を選択したかどうかとのクロスである。

いじめの背景について，「協調性が大切」と回答している者においては「マス・メディアの助長」が，「個性が大切」と回答している者においては「ストレス」が，他方よりも多くなっている。このことは，いじめの背景的要因として考えるところが，協調性重視の者は社会影響的なマス・メディアへ，個性重視の者は個人要因的なストレスへ，注目する方向性において集団主義，個人主義的指向に合致しているように見える。

上でみた図表5-12，図表5-13と合わせて考えてみるならば，「それぞれの個性や能力をうまく引き出すことが大切」だとする人（51.9％）と，「人とうまく合わせる協調性を養うことが大切」だとする人（48.1％）とに人間関係観

が2分される状態にあり，いじめの背景的原因もそれぞれの立場から構想されていると考えられる。

3　他人が子どもを叱ることについて

1）　しつけや子どもを叱ることについての傾向

いじめ以外にしつけについても，質問を行っている。調査では，「『最近は家庭のしつけなど教育する力が低下している』という意見がありますが，このような見方についてどう思いますか。」という質問を行っている。回答は「全くそのとおりだと思う」が40.1％，「ある程度そう思う」が54.4％と，低下していると考える者が94.5％となっている。

また，「町中で騒いでいるなど，よくないことを子どもがしている時，子どものしつけのために，知らない大人でも叱ることは必要だと思いますか」と尋ねた質問では，「叱ることは必要だ」と回答した人は96.1％であった。9割以上の人が，家庭のしつけが低下していて，知らない大人でも叱ることが必要だと考えていることがわかる。

2）　他人が子どもを叱ることの自由記述

実施した質問紙調査にはさらに意識状態を探る質問をしていないが，いじめやしつけに関する自由回答欄を設けており，210名の記入があった。それらの意見には子どもに関するさまざまな意見が記述されていたが，ここでは子どもを叱ることについて述べた意見に注目し，それをもとに考えてみたい。

1　他人が叱るのを拒否する親
自由記述(1)（男性　70代）
子供が田んぼや畑の中で悪い事をしていても親がそれを見ていて注意をしない親が多い。よくない事ははっきりときびしく注意する事が大切と思います。

自由記述(2)（女性 50代）
子供達が悪いことをしていても母親たちは，自分達の話に夢中で注意することに気がついていない。子供が何をしているか？ そばに居たらもっと見つめていても良いと思う。親が子供に解らせるように注意しないと，大きな事故につながったり，悪いことを悪いと思えなくなったりする。親の判断力も乏しいのかもしれません。

自由記述(3)（女性 70代）
外出時に目に余るいたずらをしている子供（小学生）に注意をすると，素直な態度をとる子供は少なく，女の子でも私達に罵声を浴びせます。身の危険さえ感じます。老人は身をすくめて通りぬける外ありません。いじめも家庭の崩壊した子女に多く，なかなかに難しいことだと思います。

自由記述(4)（女性 50代）
電車の中で走っている子供（4歳）がいたので危ないよと言うと，親がほっといて下さいと言ってしらない顔をしていました。

自由記述(5)（女性 30代）
最近はテレビのCMでもあるように町や近所の人たちが悪いことを子供に注意したりすることがなくなったり，また注意をすると"人の子に"とか言って逆恨みっぽくなったりが多くて，ほとんどそういう事がなくなったと感じます。私自身は本当にいけない事は常識的な範囲で，自分の子供でも他人の方に叱って頂いた方が良いと思っています。又，私は他人の子供さんが危ないことなどをしている時は，思わずきつくではないけれど注意するようにしています。

　自由記述(1)(2)は，子どもが悪いことをしていてもその親が注意しないことを述べている。親の判断力が乏しくなっているかもしれないと，親の能力を疑問視するほどである。
　自由記述(3)では，子どもが他人の言うことを聞かないことを指摘している。善意のつもりでやっていることが逆に不快な思いをさせられることを嘆いてい

る。大人であることの権威が消失し，子どもは素直に従おうとしない態度をとるので，大人の側から他人の子どもを叱ろうとする行為がむずかしいことをうかがわせる。

　自由記述(4)(5)では，子どもが他人の言うことを聞こうとしないだけでなく，親の方も他人の関与を拒否することが書かれている。このことに関して，広田照幸は次のように述べている。「公園や街頭でマナーの悪い子供に注意しようと声をかけようものなら，『変なオジさんが子供に声をかけている』と通報されて騒ぎになりかねない。近所の家の子供の行儀に注意をしたら，『余計なお節介をしてくれるな』とその家の親に言われるのがオチである。親と，親が認めた者だけが，子供のしつけの担い手の資格を持つような状況になってきたのだ。それゆえ，家族外のしつけや教育の機会は，親が選択し，許可・準備してやったものに限られることになる。」[8]

2　しつけの担い手

　確かに，しつけの機会は，親と親が認めた者だけが子どものしつけの担い手になっていると言えそうである。他人の関与を認めないという態度は，満員電車など過密な状態に慣れてしまったために，見知らぬ人を人と思わない都市的な状況から一般化してきていると言える。さらに，近年の不審な他者による犯罪行為の報道は，見知らぬ他者の関与を警戒する意識を強くさせている。

　子どもに関する場合さらに過敏になる。学校に批判的な親たちが学校に異議申し立てをするための新しいイデオロギーを広田は「人権イデオロギー」と呼んでいるが[9]，それをここで当てはめることができよう。つまり，子どもの人権擁護を根拠にして，周囲の他者が自分の子どもに関わることを拒否したり，何かされた時には行為の内容にかかわらず親がその大人に異議申し立てをするのである。

　但し，親と親が認めた者だけが子どものしつけの担い手の資格を持つかどうかは，世代や地域によって異なっていると考えられる。他人が子どもに叱ったり注意したりするということは，そのようにすることがよいことだと善意の気

持ちを持って、その上でこれまでの慣習から自分にもその資格があると判断して行為するのであろう。地域共同体の中で相互に言葉かけをした頃の意識である。

ところが子どもの親にとっては、そうした相互性の意識はなく、自分たちだけが子どもに関わる主体であり、見知らぬ他人にはその資格がないと考え、子どもの行為の善し悪しには関わりなく、他人の関与を拒否しようとするのである。前述した「子どもを叱る必要があるか」の質問において、年代別では有意な差はなかったのであるが、「叱る必要はない」と回答した者は、20代―4.4％、30代―6.3％、40代―3.4％、50代―4.7％、60代―1.9％、70代―2.7％と若い年代でわずかに高くなっているのがうかがえ、子どもへの他者の関与を拒否する意識が現れているようである。

他人の関与を拒否するようになった結果、子どものしつけに関する最終的な責任を家族が一身に引き受けざるを得なくなったが、事実として十分なしつけをどの家族も行い得ているかと言えばそうではないであろう。家庭のしつけなど教育する力が低下し他人が叱るのも必要だと多くの人が考えるのは、現実に子どもが悪いことをしている状態をよく見ているからであり、それはしつけの担い手である親がしつけを放棄しているからであろう。電車の中で走っていることを注意して親がほっといてくださいと言ったりする例（自由記述(4)）がそれを示している。「教育する家族」になることのできない家族の問題がそこに現れている。

3　子どもを皆で育てることの必要性

自由記述(6)（女性　60代）
私共の子育ての時は、先生に叱られるのは子供が悪いからと当然のことと思っておりました。時代が変わったからといって、私共の理解できないことが多々あります。責任転嫁もひどく家庭でのしつけが出来てないのを棚上げして先生が悪いからという。子育てしている親の教育をしなければいけないようだ。

自由記述(7)（女性　30代）

子供は，悪いことをした時にその場で叱り改めさせるべきだと思います。大人が，その都度注意してやれる環境が大切だと考えます。それには，やはり目上の方への尊敬を幼いときから植えつけることが大切だと思います。先生は友達ではないし，近所の方々にも尊敬の念を持ちしたがうべきだと思います。カナダ5年，イタリア，アメリカで生活して，とても感じました。親や大人から見れば，子供は全員，大切な国の子で，皆で育てるということが意識の中になければと思います。両者のバランスがとれたら健全な社会になると思っています。

自由記述(8)（女性　20代）

子供の育て方は，親の考え方によって変わると思います。だから間違った育て方をしていた場合は周りの人達がここはこうした方が良いなど，アドバイスをしてもらえると良いと思います。だから，しつけは家庭だけではなく，学校近所みんなでするものと思います。悪い事をしても叱らない。しかれないおじさんおばさんが増えている様です。（略）

　自由記述(6)では，家庭でしつけができないのを先生が悪いからと責任転嫁していることを指摘している。しかしながら，家庭のしつけのあり方が時代の流れとともに変化しているという点を考慮するならば，今の親を一方的に非難することはできないであろう。親も子どものしつけに途方に暮れている，あるいは無関心になってしまっているということであれば，自由記述(6)で述べられているように，親に対する教育が必要となってくる。

　建設的な意見もみられる。自由記述(7)(8)は，よりよい子どもの環境作りに向けての積極的な意見である。皆で育てるということが大切だという意見であり，海外においても実行されていることが語られている。これらの意見は，日本の地域にかつてあった伝統的な共同体が次第に子どもの社会化に対する影響力を弱め，今や都市部では消滅してしまっている状態のもとで，何らかの形でそれを取り戻すことが大切であるとの認識で一致している。

3) 私事化と子どもを叱ること

　他人が自分の子どもを叱ることを拒否したり非難したりする意識は，どのようなところから生じているのだろうか。筆者はそれを私事化と結びつけて考える。ここでいう私事化とは，「公」重視から「私」尊重への転換がはかられていく過程のことであり，人々の生活様式の個人化とプライベート意識の拡大の両面に関わっている。

　日本社会において私事化が進行する原因をあげてみると，直接的なものとして，高度経済成長による物質的豊かさの増大が生活様式の個人単位での行動を促進したこと，高層マンションなどの緊密な住環境によって隣どうし相互に干渉しないという暗黙的約束ができ，それが人間関係における相互不干渉モラルとして一般化していったこと，また家庭内も個室化し私的欲求充足の空間が確保されたことなどがあげられる。

　間接的なものとしては，戦争はもうまっぴらだという平和指向から戦争を引き起こした政府への反発，国民の生活を改善しない政治に対する不信，大規模化した官僚制機構や大企業が個人の私的部分を無限に吸収しようとすることへの反発など，「公」への反発ということが私事化を促したといえる。[10]

　さらに，プライバシー防衛意識が強くなったことがあげられる。この意識は，私事化進行の原因でもある，住環境における不干渉モラルの広まりとともに，都市化，とりわけ集住や商業機関などの集積の結果，人間の過密化によるコミュニケーション不全状態が発生して，[11]見知らぬ者は無視する存在であるという意識が常識的になってきたことが1つの要因としてあげられる。さらには，環境問題や虐待事件などに対する人権意識の高揚や，これまでは従属していた教師や医師など既成の権威への異議申し立てなど，近年の権利意識の高まりが大きな要因となっている。またマスコミによって頻繁に報道される子どもの誘拐や傷害事件などが，犯罪への自己防衛意識を高めていることも要因となっているだろう。

　プライベート意識の拡大としての私事化は，必ずしも個人のプライバシーの

防衛意識を強くするわけではないであろうが，政治不信など「公」への反発が強い場合には，守るべきものとしての私的領域の確保にこだわる意識が最優先され，保身に終始する状態になり，プライバシーの防衛意識が強化されてしまうのである。

　子どもが他人の言うことを聞こうとしないだけでなく，親の方も他人の関与を拒否することは，私事化の進行とともにプライバシー防衛意識が自己目的化してしまい，広い見地から人間関係をとらえようという姿勢が失われているために起こることだと考えられる。

おわりに

　以上，いじめと，子どもを叱ることを中心としたしつけについて，実施した調査のデータを示しながら考察を行ってきた。最後に，これまでの結果に関する問題点について若干言及しておきたい。

　いじめ加害側の意識状態について，いじめ加害行為が非行・犯罪と結びつくことを否定する傾向，まじめさを大切と思わない傾向，及び忍耐力欠如から攻撃的となることを否定する傾向が見いだされた。こうした傾向より，いじめを必ずしも悪とみなさず，対人関係を強引に都合のよい方向に持っていこうとする意識が彼らにはあるように思われる。

　いじめ被害者に対する有責性意識は6割以上の者が持っており，いじめを「絶対許してはいけない」と回答している者の中にも半数近くがいじめ被害者にも責任があると回答していた。このことより，対人関係が複雑な様相で進行する現代生活においては，いじめ被害側への救済は十分に行い得ないことが予想される。いじめ加害側の強者的意識と合わせると，なお一層むずかしくなるように思われる。

　個性重視か協調性重視かという選択に関しては，回答がほぼ2分され，協調性重視の方が集合体への斉一性意識を示す傾向が出ていて，その点から集団いじめと結びつきやすいと思われる。個性重視を回答した人においては，各人の

自由度を尊重し人権意識に敏感な傾向があると考えられる。ただし、それが過度に主張されると、プライバシー防衛に固執することになってしまい、いじめやもめ事があった際には穏便な解決は望めないであろう。

他人が子どもを叱ることについては、子どももその親も他人が叱るのを拒否することが自由記述欄で述べられていた。親と一部の人のみがしつけを行い他人には関与させないという現状があるとすれば、調査対象者の96％もの人によって他人が叱ることは必要と回答されているように、何らかの形で現状を変えていく必要があるだろう。

私事化が進行しプライバシー防衛意識が強くなればなるほど、各人は孤立化し人間関係の希薄化は進んでいくことになる。それに対し、人と人との連帯をはかる活動は、今日ボランティア活動や地域の住民活動など、活発化している場合もあり、そうした活動の連帯性をうまく生かし、過度のプライバシー防衛意識による対立感情を生じさせない形で、他人が子どもを叱ったり深刻ないじめを救済するための方策が創出できればよいのではないかと思われる。

1) 本章は、平成14～15年科学研究費補助金（基盤C）「いじめ問題と日本人の生活価値観および人間関係観との関連に関する研究」（研究代表者 竹川郁雄）による研究成果の一部である。
2) 大谷信介と小松洋によれば、松山において実施した、選挙人名簿からの系統的抽出による郵送調査の回収率は、1988年8月時点で43.4％であったという。今回の調査はそれとほぼ同様の回収率であると見ることができる。彼らは中四国の他の都市でも実施して、回収率が都市度と反比例して地方小都市ほど回収率がよくなる傾向があることを指摘している。大谷信介・木下栄二・後藤範章・小松洋・永野武編著『社会調査へのアプローチ─理論と方法』、ミネルヴァ書房、1999年、152頁。なお、今回の調査において、調査対象者からどのようにして氏名と住所を知ったか問い合わせが3件あった。これまで実施した調査ではそのようなことは「お願い文」などで掲げておらず今回の調査でも記入しなかったのであるが、最近のダイレクトメールの送付などと同様のものとして情報入手先の不透明性を心配する気持ちがあったものと思われる。松山市選挙管理委員会より正規の手続きにより情報を得たわけであるが、そのことを明記しておらず、そのために回答拒否の人がいて回収率を下げたのではないかと思われる。
3) 竹川郁雄『いじめと不登校の社会学─集団状況と同一化意識』、法律文化社、1993年、55頁。

4） ダン・オルウェーズ（松井賚夫，角山剛，都築幸恵訳）『いじめ―こうすれば防げる』，川島書店，1995 年（原著 1993 年），57 頁。
5） 田中貴美子『いじめられっ子も親のせい!?』，主婦の友社，1996 年，77 頁。
6） 竹川，前掲書，168-173 頁。
7） 大沢周子『たったひとつの青い空―海外帰国子女は現代の捨て児か』，文芸春秋社，1986 年。
8） 広田照幸『日本人のしつけは衰退したか』，講談社，1999 年，127 頁。
9） 広田，前掲書，132 頁。
10） 竹川，前掲書，194-198 頁。
11） 中島梓『コミュニケーション不全症候群』，筑摩書房，1991 年，7-30 頁。

第6章　いじめなど問題を抱えた生徒の支援
　　　　──教育社会学の視点──

はじめに

　いじめや不登校などの問題を抱えた生徒の支援とはどのようなものか考えてみると，もっとも問題となるのは，生徒の個別的な問題解決の視点から見るか，生徒を取り巻く社会環境の視点から見るかということであろう。つまり，前者の場合，それぞれのケースにおいていじめ被害や長期欠席などの問題を解決してそれらがない状態に戻せれば，うまく生徒を支援できたとみる考え方であり，まさに心理臨床的対応である。

　後者の場合，いじめや不登校を生み出す原因となっている学校や社会の仕組みこそ問われるべきであるとみなす考え方であり，言うまでもなく教育社会学で主要に展開されてきた視点であり，日本の学校制度やその前提的枠組みなどに焦点を当てる社会学的な視点である。このことについて，伊藤茂樹はいじめ問題を「心」の受容・共感で解決しようとする言説が解決策を局所化・個別化して，構造的問題や大人─子ども関係の変容を隠蔽していると指摘し，堤清二・橋爪大三郎は中央教育審議会が生徒の「生きる力」を伸ばす教育という答申に対して，それでは子どもをくじけさせる原因となっている教育をとりまく構造的な問題に手をつけないまま，子どもに責任を押しつける無責任な発想であると批判している。[1][2]

　この問題は，2001年と2002年の日本教育社会学会大会において，課題研究「心理主義化する社会と学校教育」の部会で詳しく検討されている。本章はそうした議論を参考にしながら問題を抱えた生徒への支援について心理臨床的対

応を中心に検討を加えたいと思う。生徒支援ということでは，障害児やニューカマーの子どもなどを含めて考えるべきであるが，それらは固有の問題領域としてそれぞれ考慮すべき点が多く，筆者の研究不足もあり本章ではいじめ問題を中心として不登校問題も視野に入れつつ考察していきたいと思う。

1　問題を抱えた生徒を支援する対象領域

1） 対象領域の設定

　筆者は，個人から社会へ連なる段階に応じた現象の解明と対策論が，問題現象を多方面から支援することができるので効果的なのではないかと考えてきた[3]。このことに関して，志水宏吉は「学校臨床学」の対象領域として，①個人がかかえる何らかの「問題」を実践的に解決することが課題である「個人の援助」，②集団や組織を主たる考察対象としてきた社会学が直接に貢献しうる領域である「組織の援助」，③システム自体のあり方の質的向上を目指す「システムの改善」をあげている[4]。

　こうした指摘を参考にしながら，ここでの議論にあうように個人から社会へと5段階に広がる生徒支援の対象領域を次のように考えてみた。

1．個人領域（対象：いじめ当事者，不登校児，支援者〔機関〕：教師，カウンセラー）
2．対人・小集団領域（対象：友人関係，仲間集団，支援者〔機関〕：教師）
3．公的集団領域（対象：学級集団，学校，支援者〔機関〕：学校関係者）
4．地域領域（対象：地域全般，支援者〔機関〕：教育委員会，フリースクールなど）
5．全体社会領域（対象：教育制度，支援者〔機関〕：文部科学省，国民全体）

　このように5つに段階設定してみたが，対象領域は明確に区分できないことがありさらに細分化される場合もあるので，あくまで考察のための設定である。しかしそのようなものでも描いてみると，ここで考察しようとしている臨床に

かかわる問題をかなり見わたすことができる．以下，これらの対象領域をもとに考えてみたい．

2） 臨床的対応の意義

　各領域がどのように関連しあっているか，ひとまず自動車事故の場合がここでのアナロジーとして適用できるだろう．つまり，自動車事故は人と自動車，そして道路を含むさまざまな事象にかかわる要因から発生する．それらは飲酒運転や居眠りなどの個人的要因，了解の不一致など当事者間の要因，交通渋滞や悪天候など当事者を取り巻く状況的要因，道路の整備状態や地理的要因，交通規則や交通行政などの全体的要因というように，それぞれ自動車事故を引き起こす要因がある．

　それらの要因は閉じられているのではなく相互に関連しあっており，より包括的な要因の対策によって細部の要因も変わりうる．たとえばトンネル開通という対策によって見通しがよくなったり天候に左右されないといった例がそうであるが，しかし普段はそれぞれの段階で対策が考慮されており，容易に他の対策に還元できるというものではない．その意味で，短期的・緊急的支援と，長期的・発展的支援とが考えられ，それぞれ有効性を持っていると考えられる．いじめや不登校などの問題を抱えた生徒に対する支援も，学校臨床の場においては各要因が，自動車事故の場合と同等に対応するというわけではないが，相互に関連しつつ，それぞれの領域で個別に対処されているのが今日の状況であろう．

　一般に問題現象を深く追究していくと，それを構成している背景的要因へと原因論が移行していくこととなる．より包括的な解決は問題の発生そのものをなくしてしまうことができるので，実行可能ならばより上位の対象領域で対処することが効果的である場合も多いだろう．最終的には全体社会領域でのもっとも根本的な原因論へと行きつく．そうした根本の原因論はもちろん重要であるが，抽象度の高い原理論となって何ら実効性がなくなったり，相当長期的に見ても解決の見込みが立たないことも多く，また実現しても意図せざる結果が

生じる可能性もあるだろう。

　今日教育臨床が重要であるということは，より広い対象領域へと批判的論点が展開された後，そこのところでとどまらずにもとの問題領域に戻って，個別ケースにまで射程をおいた現象解明やより実践的な解決策への取り組みが要請されているということであろう。構造的問題としてとらえるということは重要なことであるが，それが根本的原因論でなくとも，大きな変更を要するだけに政治的争点となって紛糾するなど長期的な問題となったり，具体的な状態が見えないために実践性に欠けるという点が問題点としてあげられることとなり，そうしたことから臨床的対応は構造的に改められるまでの間，いわば応急的な処置として求められているともいえよう。

　いじめや不登校の問題には，私事化などの社会的潮流や日本社会に内在する文化的要因など全体社会領域での要因がさらに背景要因としてあると筆者はとらえており，さらなる広い視野からの現象解明と対策が必要であると考えるが[5]，早急の対策は望めず，緊急を要する支援を考える際には，心理臨床的対応が考慮されてよいだろう。いじめ問題を考えているとそのことが強く感じられる。その意味で応分の位置づけのもとに，5つの領域すべてを使って支援にあたるのが望ましいのではないかと思う。

2　対象領域におけるいじめ問題と支援

　いじめ問題に関する多くの論点の中で，筆者が特に臨床的視点として重要だと考える論点について，上述の5つの対応領域に即して以下に言及していきたい。

1）個人領域

　スクールカウンセラーの配置は，問題の発生がなくならないということを前提としており，その原因ないし背景に対処するということよりもその結果に対処しようとするものでしかないことを，藤田英典は指摘している[6]。そのとおり

で，カウンセリングの本来の目的が受容と共感であり，それは「自分は受容・共感されているという体験下で，クライアントに成長＝治療が起こり得る」[7]ことであるとすれば，もっぱら問題が生じた事後的なことに対する対応だということになる。

　カウンセリングについてはさまざまな学派や理論があり，十分なケアということにおいても種々の課題があるのに，スクールカウンセリングの場合さらに学校システムや生徒に関する多様な情報を知って，教師や養護教諭と連携して行動することが必要であるとされ，本来の専門性以外の多様な能力が要求されていることとなる。従って，その働きにおいては，カウンセラーの個人的な能力差が出ることとなり，「たった１枚の絵で自分の何がわかるのか。そんなもので人を判断しないでほしい。」という子どもの意見が出されたりする[8]。

　近藤邦夫は，学校臨床心理学の課題として，子どもの問題が，どのような教師―生徒関係や学級集団や学校教育体制や学校文化の中で生ずるのかを明らかとすること，「学校システムの中での介入」あるいは「学校システムへの介入」という新たな形式の介入をめぐる諸問題の解明と有効な介入方略の開発，学校や教室の中で実行可能な「予防的介入」や「成長促進的介入」等の具体的な教育的サポートの方法を提起すること等をあげている[9]。

　これらの課題は，スクールカウンセラーの立場から問題解決に向けて何をすべきかを掲げているのであるが，そうした問題の指摘はスクールカウンセラーの立場のみならず学校全体および各担当者にとっての課題でもあり，ミクロ・マクロの中間に位置するメゾレベルの視点から考察しうる教育社会学が検討すべき課題でもある。対象領域を広げてより包括的に考えようとしているのであるが，果たしてスクールカウンセラーがどこまで担当すべきことか，なお一層の検討を要するであろう。

　吉田武男は「教育の危機」という問題が「こころの危機」という問題にすりかえられて，「『こころの専門家』のケアリング的なサポートが，これまで築きあげてきた教師と子どもたちの教育関係，および子ども同士の自然な助け合い的な関係を一時的に断ち切り，ひいては学校の教育活動を支える共同体的・運

命的な人間のつながりさえも弱めてしまった」と述べ、スクールカウンセラーが導入されたために学校内の混乱を引き起こしていることを批判している[10]。

　学校内の対人関係や教育活動を通して生徒の支援を行うのであれば、スクールカウンセラーといえども人間であり、そこでの状況判断や生徒の評価の中に、現代日本の常識的価値志向や文化的思考様式が入り込むであろう。いじめ加害がその有責性を非難されずにいることが多いのは、いじめ加害側が集団内で当然視されている価値や習慣を熟知して、うまく非難をかわせるばかりか、普段の人間関係を優位に作り上げているためである[11]。

　また日本の文化的な特徴の1つとして、人と人との関係を大切にし協調的に行動できることが目指され[12]、そのことが重視されるあまり善悪のけじめをつけるという発想が弱くなってしまうことがある。こうした状態のもとでいじめを解決するということは、まさに集団領域に関する社会学的思考を身につけて、それを実践することを意味しており、スクールカウンセラー制度が定着するとすれば、それに対し教育社会学が提案的ないし指導的立場を発揮することができよう。

2）　対人・小集団領域

　対人・小集団領域においてのいじめ問題については、1994年に大河内清輝君がいじめられて自殺したケースがその典型である。仲間集団内部での隷属的ないじめが、主要な問題となるだろう。小学校高学年から中学校にかけての生徒は、同性の友人との親密な関係を作りピアグループとして結束し活発に行動する。

　こうしたグループは、大人からの自立を模索する時期でもあるため大人の監視を逃れて秘密のグループとなる場合があり、さらにメンバー間で何かと力の差があるため序列化して、奴隷役を押しつけられる者が出てくる。この者に対して何かと言いつけたり暴力を振るったりする隷属的ないじめへと発展することがあり、大河内君の場合、遊ぶためのお金を取られたり、朝早くから出てお茶の準備をさせられたりしていた。

こうした仲間集団の特徴として，①メンバーが学齢期という発達段階における一過程であること，②集団内部で結束が強く，閉鎖的で濃密な関係となりやすいこと，③インフォーマル集団であるため集団を外部から管理・監督する者がいないこと，④全体的視野にたって指揮できる内部リーダーがいないこと，⑤所属メンバーにとって生活圏全体の中で大きな位置を占めるため拘束度が非常に強いこと，⑥忍耐力や他者への共感能力の不足など，メンバーの対人関係能力の未熟性をあげることができる。[13]これらの特徴からわかるように，学級集団や子ども会と違って，その集団の動きを抑止できる装置がないので，いじめや万引きなど逸脱的な動きをはじめると制止することは容易ではない。

　仲間集団の特徴であげたように，児童生徒は発達途上段階にあり，仲間との結束を通じてこれまで一方的に依存関係にあった親からの自立を図ろうとするのであるが，このことは児童生徒への対応の難しさを示している。いじめとして現れる場合でも，集団内のルール違反への処罰であったり，ゲームとして遊びのつもりであったり，グループの結束のための道具にされていたりさまざまである。個々に見ればいじめだとみなすことができないものもあるだろう。

　隷属的ないじめが生じている場合，中井久夫によれば「被害者は，すべての段階で『これみてさとれ』というサインを周囲に，特に教師や両親に出し続ける」という。[14]戦時中の疎開先での自己の経験と大河内君の場合からの指摘であるが，そのサインがキャッチされる確率は非常に低いと述べており，周囲の教師，スクールカウンセラー，両親などがわずかに発するサインに気づくことができるよう，こうした隷属的いじめに対する注意を絶えず喚起するシステムを作る必要がある。秘密裏に行動し大人に話さないというような，気づきの困難性を考えれば，生徒をとりまく社会環境面からの策として，そうした緊急事態から脱出して安息できる避難の場（アジール）を創設するなど，閉塞状態から逃避できる間隙を作る必要があるだろう。

3）　公的集団領域

　学級集団や学校全体におけるいじめの発生とその対応の議論は多くなされて

いるが，ここでは筆者が調査研究にかかわる中で遭遇したケースを例に考えてみたい。

　いじめの固定化した状態について，生徒と担任教師のアンケート調査からのデータである[15)]。中学2年生の45名からなる学級集団において，特に女子の間でいじめる側といじめられる側の対立の状態が生じている。ソシオメトリーの質問も実施しているので，それよりこの45名の生徒からなる学級集団の友人関係の状態を知ることができ，女子の間で7名，3名，5名からなる3つのサブグループが2名のペアをいじめているのがわかる。担任の教師はアンケートで，いじめがあることは認知しており，「学級のまとまり」について「まだ弱い」と答えている。以下はその自由回答である。

いじめたと回答した生徒の意見

　A「いじめられた人はその人に悪いところがあるのだから仕方がないと思う。それと先生でもいじめられた人よりいじめた人を中心におこるからすごくはらたつ。だから先生はきらいだ。いじめた人の理由，気持ちもわからんくせに。」

　B「いじめはよくないと思うが，いじめられる方も悪いと思う。その子の味方になる先生も先生だと思う。自分が悪いくせに先生によく言えるなあと思う。」

　C「いじめは良いこととは思わない。でもいじめられる人にも何か悪いことがあると思う。いじめられる人はなぜいじめられるのか考えれば良いと思う。」

中心になっていじめたと回答した生徒の意見

　D「私はいじめは良くないと思うがやっている人だけが悪いんじゃないと思う。やる人もそれなりの理由があるから一方的に怒るのは悪いと思う。その理由が先生達からみてとてもしょうもないものでも，私達にとってとても重要なことだってあるんだから先生たちの考えだけで解決しないでほしい。私からのお願いです。これからもしいじめが起こってしまって，それを先生達

が見つけてしかる時でも，ただ一方的に怒るだけだったら本当は解決していないと思う。」

いじめられたと回答した生徒の意見

E「いじめられるのは自分が弱いのだから，いじめられてだまってばかりいるのはよくないと思う。だから少しでも言いかえしたらスッとすると思う。でもいじめるのは悪いと思う。」

　学級会などで話し合われたことが推測できるが，いじめの問題に教師が十分対処しえなかったために，かえって生徒の気持ちをこじらせて，どうにもならない状態に陥っていることがうかがえる。こうなると，当事者である生徒間での紛争処理作用は期待できず，担任の教師に対する反発が多数派に強くあるので，それをときほぐすことは難しいだろう。

　このケースの場合，きっかけとなった事件に対して，担任教師の対処が十分でなかったことがまずあげられる。いじめられている側への救済を思うあまり，逆に教師の権威を振りかざして一方的に叱ったりしたため，生徒の反発をかったのである。その時点ではいじめていた生徒は，今度は教師からいじめられたと感じたであろう。

　どうしても納得がいかない場合，これ以上教師に異議を唱えることは認められないので，隠れた所で自分たちの主張をすることになる。すなわち，多数の生徒が結束して集合的に優位な状態を作り自分たちの主張を通すためインフォーマルな形で攻撃行動を行う「弱者の集合的戦略としてのいじめ」となる。[16]

　こうした状態でのいじめ問題に対して，スクールカウンセリングがどれほど有効に働きかけできるであろうか。いじめられている者への相談は可能であろうが，せいぜい今負っている苦痛のよき理解者となって自殺に走ったりするのを止めることができるくらいであり，いじめの状態そのものをなくすことは，教師と強力に連携して「学校システムへの介入」が必要となるだろうが，それはそうした介入のルールが設定されている学校に限られるだろう。

　教師の能力や資質をより向上させて，生徒間の紛争処理をうまく対処できる

ようにすべきだという発想もあるが，教師の力量にお任せする現在の仕組みのためにこのような状態が発生しているのであるから，未然に防止するためには，教師指導論以上に教師の支援をも含めた包括的な学校制度づくりが必要であろう。

　いじめに対処する学校レベルでの１つの方法として，イギリスのシェフィールド大学のピーター・スミスやソニア・シャープらは，生徒にいじめのカウンセリングをさせるピア・カウンセリング，産業界のQCに習った「自主的改善活動」，生徒によるいじめの裁判などを提案している[17]。

　これらの手法は教師が後押ししながら，生徒にいじめの相談や解決策の提案をさせようとするものである。生徒を巻き込んだ実践的な活動であるが，日本に導入するには慎重に行う必要がある。内藤朝雄によれば，いじめ問題に民主的話し合いの形式を導入するために，日本の教員がいじめをやめさせようとして開いた学級会は，おうおうにして被害者の欠点をあげつらう吊し上げの祭りになったりすることがあり[18]，それと同様にスミスらの提案する活動は，班活動の息苦しさやタテマエ的な正義論に終始して，実質的な効果がないばかりでなく，複数の者からなるいじめる側の優位性が，いじめ被害者を一層居づらい状態に追い込んだりすることがある。

　上に示したいじめのケース例からうかがえるように，いじめる側は多数派でいじめられている者より表現力豊かで立ち回りがうまいことが多く，仮にピア・カウンセリングや生徒によるいじめ裁判を行っても，誰もが納得のいく形で解決するには難しいであろう。また，スミスとシャープの研究では，いじめは学校の校庭で行われる傾向が強いことを指摘しており，日本では教室で多く発生する傾向がある[19]。教室は空間的に密室であるだけでなく，さまざまな作業や相互作用が行われる場であるから，日本でのいじめは学校生活の多様な局面に組み込まれた形で行われることが多く，いじめ問題を確定し解決することのむずかしさを示している。

　このように考えるといじめを防止する抜本的な対策は，より包括的な領域，すなわち学校の運営システム，地域の取り組み，教育行政への提案となり，そ

の方面での試行錯誤的なものにならざるを得ないと思われる。

　この点に関し，宮台真司はいっしょにいる理由のない人間と長時間狭い教室空間に押し込められている状態が，満員状態とよく似た空間になり，生徒が高ストレス状態となっていじめやけんかを起こりやすくさせていると述べ，そうした高ストレス状態を解除するために，固定した学級集団を構成しない自分の責任で授業を選ぶ「個人カリキュラム化」の導入を提案している[20]（他に堤・橋爪や内藤も提案）[21]。上述の固定的ないじめも，いじめを発生させやすい装置となっている教室空間であるために発生したことだとみなすことができよう。

4） 地域領域

　地域領域では，いじめ問題の減少や解決に向けての地域の住民運動や自治体の取り組みが重要であることは常々指摘されている。しかし，いじめ事件が発生すると問題視されることの1つに，当該住民の地域閉鎖主義ともいうべき意識状態が，いじめ問題を徹底的に開示しようとすることを妨げることがあげられる[22]。

　実際に発生しているいじめ自殺事件において，地域の協力を得て事件が十分に解明されたり，話し合いによって当事者が理解を示したりする場合は非常に少ない。それぞれ子どもの立場を主張しあっての対立，近隣の利害の対立，自分の地域が醜聞に染まることへの恥意識，議論することを好まない傾向，事なかれ主義など，それぞれの立場の人がさまざまな思惑を働かせるからである。

　こうした状況ではあるが，困難な状況化にある生徒を支援する装置は，地域レベルにおいてこそ作動すべきだと考えられる。閉じられた学校空間と一元的な学校化状態から距離をおくことのできる場が地域領域であり，大河内君事件の場合のような隷属的いじめを回避しうる場を作ることが可能であるからである。フリースクール，フリースペース，山村留学受け入れ施設，コミュニティスクールなど，今日試みられているものに対して，地域の良好なネットワーク化のために，また学校に代替しうるものとして，その有効な可能性について，社会学的な観点から検討していくことが課題としてあげられよう。

5) 全体社会領域

　全体社会領域ではいじめの社会問題化，マス・メディアによる報道，国民の一般的理解，いじめの定義，実態報告，文部科学省の対応などに関して，多くの主張や批判がなされている。

　ここでは心理臨床的な対応への総合的論及がテーマであるので，その1つとして，全体的理解にかかわるいじめの定義について若干言及しておきたい。それは，いじめだと判断される際には，その攻撃行動に対して暗黙裏に正当性判断が含まれており，そのことがいじめ被害の受容やいじめの確定に影響を及ぼしているということである[23]。

　たとえば裁判による判決で囚人が処罰される場合には，一方的に苦痛を与える攻撃行動ではあるがいじめだとはみなされず，逆に仲間グループ内での虐待や革命セクト集団のメンバーに対する総括的暴力は，外部から見ると正当性を持たずいじめだと判断されるが，そこに所属しているメンバーにとっては正当性意識があるので，不当だとか虐待だとか意識されず，従っていじめではないと判断される。

　このことは，いじめ定義という全体的理解の問題であるとともに，学校現場においてある現象を，いじめだと確定して解決していこうとする際のむずかしさを示している。いじめ被害にあっている者を支援するためには，「誰かがいじめの"物語"をつくって，それを関係者に押しつけることが必要になってくる」[24]。そのためには，いじめについて多くの事態を考慮して，現場に即した定義や細かい規定が必要となる。筆者はこの正当性判断がいじめ判定にかかわっていることを主張するが，なおさらにいじめとそうでないものとの区分やわかりよい判定の仕方を追究していくことが求められており，そうしたいじめへの理解が共有されるならば，より深く現場への対応が可能となり，問題を抱えた生徒への臨床的な支援につながるであろう。

　石川洋明は今日もいじめが蔓延しているのはまったく社会の責任ではないだろうかと，調査・介入システム構築や個々のケースの原因究明・防止策の検討

がなお欠けていることを指摘し，さらに個々のケースの原因究明・防止策の検討に対して隠蔽や妨害が加えられていると述べている[25]。いじめの増幅や過大視に対しては議論は多いが，いじめの過小視や隠蔽に対する議論も，いじめ問題を適切にとらえるために必要であろう。

いじめ問題は，現代日本社会の日常生活のさまざまな場面で集団内葛藤の一現象として，マスメディアなどで問題視されなくとも恒常化している現象であると筆者はとらえており，対象領域全般にわたって，なお現象の解明と支援策の案出を要するであろう。

3　不登校問題と「心のノート」に見る支援のあり方

問題を抱えた生徒の支援について理解を広げるために，不登校問題と文部科学省作成の補助教材『心のノート』について，若干言及しておきたい。

1）不登校問題について

スクールカウンセラーが，不登校問題において十分な役割を発揮できることがらを考えてみると，それは登校を渋っている生徒に対して，つまり不登校状態に至る過程にある生徒に対して，休ませた方がよいのかどうか，登校刺激を与えた方がよいのかどうかについての適切な助言を行う短期的・緊急的支援があげられよう。カウンセラーは本来来談者に対して相談業務を行うのであるが，不登校問題の場合は相談室を出て家庭に出向き，登校を渋っている生徒に対する支援が重要であろう。

森田洋司によれば，不登校という問題は学校社会が今の子どもたちにどれだけ意味のあるものを提供できているのか，あるいはそういうものを子どもたちが見つけ出すことにどれだけ支援できているのかが問われている問題としてとらえ直すことができ，これまで不登校問題を「心の問題」としてとらえ，これを解決していくことを目的として不登校の対策が講じられてきたのだが，そうではなく不登校の問題を進路形成の問題として受けとめ，これを支援していく

ことが必要であるという[26]。

　この背景には，不登校に至る要因がきわめて多様で，かつ不登校へとプッシュする間接的要因が私事化傾向として広がっており，現状の学校制度では発生を防止するような決め手がないという認識がある。森田によれば，私事化は「公と私」の関係価値の組み替えのなかで「公」重視から「私」尊重への転換がはかられていく過程であり，私事化が進むことで子どもたちと学校とを結びつけている「つながりの糸」は，ますます細くなっているという[27]。

　私事化の傾向は，経済的発展と大衆消費社会化による物的安楽化，戦後からの公的なものに対する反発（私生活防衛指向），住環境における私生活の不干渉モラルの強化，企業による私生活の取り込みへの抵抗からの私生活主義などによって，現在も緩やかに進んでいると筆者もとらえている[28]。

　さらに私事化の原因ともなっている，ハイテク機器や便利製品による家庭生活の利便化やマス・メディアによる娯楽的情報の氾濫によって，子どもの禁欲的自己統制の弱まり，将来指向への幻滅，および規律全般の無意味化傾向が強まり，不登校を促す間接的要因は，生徒を取り巻く生活環境にますます増幅することとなる。

　こうした傾向は，社会の心理主義化にも影響し心理臨床的対応の関心の増大をまねいているが，前述したように所詮事後的な悩みを癒す対応であり，地域や全体社会および生徒のライフコースなどの視点より，より包括的な対策に向けて，学びの主体的獲得や進路形成などの支援を考えるべきであろう。不登校の場合はいじめ問題ほど緊急を要するわけではないが，学習や進路形成に関する長期的課題を不登校児が抱えることになり，学習環境や社会の受け皿の整備を学校内に限定せず広く地域や全体社会領域で確保していく必要があるだろう。

2）「心のノート」配布の問題点

　文部科学省によって2002年より補助教材として配布された『心のノート』は，児童生徒の心に訴えようとしているものであるから，個人領域での支援を意図しているとみなせるだろう。児童生徒に考えさせ書かせることによって，

今日身についていないとされる道徳教育と伝統文化の理解が深められるよう仕組まれている。しかしながら，自己の権利を抑える公共心の強調や無批判的「愛国」につながる愛国心の強調などが盛り込まれており，子どもの内面誘導であるとの批判は免れ得ないであろう。[29]

　支援の仕方はさまざまな形をとりうるが，文部科学省が主体となって上意下達という形で強制的に押しつけ，補助教材という形で一定の吟味のプロセスを経ることなく，論議を生む内容を含む文書で，書かせるという身体作業を通じて内面化させるという形式であったことが批判されるべき点であろう。

　そうした点を改め，問題を抱えた児童生徒に対して，希望を持って今を生きる力をつける，このことをここでのテーマに即して表現すると，いじめや校内暴力など現前している事態の不当性と可能な対処の仕方をわかりやすく教え，今ここにいるという現実から自分がどのようなことにかかわっていけるのか，といった社会の現実を読み解く力を身につけられるものが作成できれば効果的であろう。いじめ被害にあっている児童生徒の保護者に対してあるが，小寺やす子は『いじめ撃退マニュアル』において，巧みな学校交渉法を解説しており，[30]保護者への具体的緊急支援策を提供している。

　以上は，問題への緊急性を要している上に学校環境の迅速な改善は望めないという状況があるがゆえの1つの支援策であるが，包括的支援のシステムが整っても，さらに生徒の社会意識形成の課題は残されており，その際の批判的素材となりうるであろう。

　『心のノート』の配布は，支援のあり方の問題点が噴出している例であり，問題のありかを端的に示している1つの典型例であると思われるが，さまざまな制度や政策に対し社会学的視点から，隠蔽された問題点，意図せざる結果，制度上のねじれなどを示して，問題を抱えている生徒への支援を多方面から分析・提案していくのが目指されるべきであろう。こうしたことはすでに多くなされているが，臨床的視点を考慮するならば，ただ批判するだけでなく，実践に向けた提案が必要だということになるだろう。

おわりに

　いじめ問題や不登校における自殺や死傷事件を防止することのむずかしさや，問題を抱えた生徒の学習環境や進路形成を良好にすることの必要性を考えると，対象領域全般にわたる短期的・緊急的方策と長期的・発展的方策の両面に対して，現象の解明と実践的提案を行うことが有効であると考えられる。
　現在の教育社会学はマクロ，メゾレベル，ミクロすべての領域にわたって有効な手法を持っており，それらが十分展開され実践に応用されるならばより包括的な生徒支援として心理臨床的対応のありようを大幅に変えうるものであり，そのためには抽象的原理論にとどまることなく問題の解決を志向した考察を行うことが重要であろう。

1) 伊藤茂樹「『心の問題』としてのいじめ問題」『教育社会学研究』，第59集，1996年，21-37頁。
2) 堤清二・橋爪大三郎編『選択・責任・連帯の教育改革［完全版］―学校の機能回復をめざして』，勁草書房，1999年，109-110頁。
3) 竹川郁雄「日本におけるいじめ現象の分析視点について」『犯罪社会学研究』，21集，1996年，79-92頁。
4) 志水宏吉「学校を臨床する」近藤邦夫・志水宏吉編著『学校臨床学への招待―教育現場への臨床的アプローチ』，嵯峨野書院，2002年，15-47頁。
5) 竹川郁雄『いじめと不登校の社会学―集団状況と同一化意識』法律文化社，1993年，183-230頁。
6) 藤田英典『教育改革―共生時代の学校づくり』岩波書店，1997年，174頁。藤田英典『市民社会と教育　新時代の教育改革・私案』，世織書房，2000年，13頁。
7) 岡村達也「学校心理臨床の理論―カウンセリング基礎論」岡堂哲雄編『スクール・カウンセリング学校心理臨床の実際』，新曜社，1998年，15-29頁。
8) 渡部千代美「学校現場とカウンセリング」日本社会臨床学会『カウンセリング・幻想と現実（下巻）生活と臨床』，現代書館，2000年，193-207頁。
9) 近藤邦夫「スクールカウンセラーと学校臨床心理学」村山正治・山本和郎編『スクールカウンセラー　その理論と展望』，ミネルヴァ書房，1995年，21-25頁。
10) 吉田武男・中井孝章『カウンセラーは学校を救えるか―「心理主義化する学校」の病理と変革』，昭和堂，2003年，22-23頁。
11) 竹川郁雄「いじめ加害の実態と問題点」森田洋司監修『いじめの国際比較研究―日

本，イギリス，オランダ，ノルウェーの調査分析』，金子書房，2001年，159-173頁。本書第2章所収。
12) 恒吉僚子『人間形成の日米比較―かくれたカリキュラム』，中央公論社，1992年，44頁。
13) 竹川郁雄「いじめ」日本社会病理学会編『社会病理学講座　第3巻』，学文社，2003年，17-31頁。（本書第3章第2節参照）
14) 中井久夫『アドリアネの糸』，みすず書房，1997年，2-23頁。
15) 竹川，前掲書，1993年，112-120頁。
16) 竹川，前掲書，1993年，111-122頁。
17) スミス・P. K.・シャープ・S. 編，（守屋慶子・高橋通子監訳）『いじめととりくんだ学校―英国における4年間にわたる実証的研究の成果と展望』，ミネルヴァ書房，1994年，112-179頁。
18) 内藤朝雄『いじめの社会理論―その生態学的秩序の生成と解体』，柏書房，2001年，32-33頁。
19) 滝充「いじめの方法・場所」森田洋司監修『いじめの国際比較研究―日本，イギリス，オランダ，ノルウェーの調査分析』，金子書房，2001年，55-71頁。
20) 宮台真司「自己決定能力を育てる社会システムとは」三沢直子・宮台真司・保坂展人『居場所なき時代を生きる子どもたち』，子ども劇場全国センター出版局，1994年，43-84頁。
21) 堤・橋爪編，前掲書，57頁。内藤，前掲書。
22) 久冨善之「清輝君事件と西三河の学校文化・教員文化」教育科学研究会他編『いじめ自殺6つの事件と子ども・学校のいま』，国土社，1999年，101-110頁。
23) 竹川，前掲書，2003年。（本書第1章第2節参照）
24) 川上亮一『学校崩壊』，草思社，1999年，60頁。
25) 石川洋明「子ども虐待防止の臨床社会学―困難と可能性」野口裕二・大村英昭編『臨床社会学の実践』，有斐閣，2001年，247-8頁。
26) 森田洋司『不登校―その後　不登校経験者が語る心理と行動の軌跡』，教育開発研究所，2003年，23-42頁。
27) 森田，前掲書，4－7頁。
28) 竹川，前掲書，184-207頁。
29) 三宅晶子『「心のノート」を考える』，岩波書店，2003年。野田正彰「『心の教育』が学校を押し潰す」，『世界』，岩波書店，2002年10月，88-100頁。
30) 小寺やす子『いじめ撃退マニュアル』，情報センター出版局，1994年。

第Ⅱ編
日常社会規範と集団を考える

第7章　日常社会規範を考える

はじめに

　本章は，日常生活において人々の行為様式を秩序づけしている社会規範が，どのように位置づけられ，どのような性質を持っており，いじめや不登校など社会問題とされる現象の発生とどのようなところで関連しているのかを考察する[1]。

　社会規範は人々が社会生活を営む上で非常に重要な位置を占めており，新聞紙上をにぎわすさまざまな社会現象も日常生活における社会規範を何らかの構成要件として発生していると考えられる。社会現象をとらえる次元として，個人の行為，社会関係，集団・組織，社会制度，社会体制という5つの次元を想定することができるが[2]，社会規範もそれらに対応してきめこまかく形成されているとみなせるだろう。すなわち，個人の行為を律する習慣や道徳，社会関係上のルールとしての礼儀や対人儀礼，集団や組織内で取り決めされる就業規則や校則などの諸規則，社会制度を維持するための風習や伝統，そして全体社会レベルで一国の社会体制を維持する条文化された法律というように，個人を身近なところから国家が定めた厳格な法律の規定まで，社会規範はそれぞれの社会次元に対応して形成されている。

　このように社会規範は網の目状に配置され，それらにこめられたしばりや要請との関連において，いわゆる社会病理現象が発生する。岩井弘融は社会規範を，明確に制定された制度的背景をもつか否かで法的規範のような制定制度的規範と，道徳規範のような非制定制度的規範に分けられることを指摘している[3]。

たとえば堕胎，同性愛，麻薬は一般に被害者なき犯罪と言われているが，これは国によって扱いが異なるように，法律の制定如何によって，つまり制定制度的規範の内容によって社会病理現象の発生そのものに影響する[4]。このことは，明確に条文化された法律の場合だけでなく，慣行や社会的通念として成り立っている，より身近な非制定制度的規範にもあてはまり，社会規範が人々の間でどのようなものとして受け入れられ，それをどの程度の圧迫や指針として成立させているかが，社会病理現象を説明する上で重要な鍵となる。

筆者は，これまでいじめや不登校など社会問題とされる現象の発生要因について考察してきたが，日常生活における社会規範の働きが重要な位置を占めていると考えてきた。そこで本章では，多様な状態で存在する社会規範を整理し類型化する方途を示して，社会規範の作動状態の説明の試みを行い，また，社会規範の中でも人々の身近な日常生活上に密接にかかわりあった社会規範（以下「日常社会規範」と記述）を対象として，社会病理現象や教育問題などにかかわると思われる側面について考察していきたいと思う。

1　社会規範の模範的側面と拘束的側面

1）社会規範の性質について

最初に，社会規範の一般的な意味内容について言及しておく。『広辞苑』（第四版）には「社会規範」の項目はないが，用法上「社会規範」と「規範」は厳密に区別されているわけではないので，「規範・軌範」（norm）の項目をみると，「①のり。てほん。模範。②［哲］のっとるべき規則。判断・評価または行為などの拠るべき基準。」と説明されている。このことから，「規範・軌範」に対する一般的理解には，手本や模範といった行為の指針となるべき面があり，またのっとるべき規則や拠るべき基準という意味で哲学用語として使用されていることがわかる。

社会現象を分析する際には，日常的意味を含みつつ人々の行為の斉一性や一

律化を要求するものとして理解されることが多い。宮島喬は「社会規範」を「社会的状況において成員の行動が同調を要求されている一定の標準または当為命題」と規定しており，人々の同調を要求する意味合いが含意されている。また岩井弘融は，「当為をかかげて行為に方向づけをする基準」を社会規範と規定し，内容面から関係規範と調整的規範に分け，前者は義務的規範であり，ある行為をしなければならない，といった積極的な内容を持つのに対して，後者はある行為をしてはいけないというような調整的・禁止的な方向性を持つ規範であると説明している。義務と禁止の違いによる区分であるが，ともにかくあるべしという当為を示す概念として理解されている。

2） 社会規範の行為主体にとっての2面性

しかしながら，社会規範に対する意味付与には別の見解もある。A.ギデンズによれば，E.デュルケームによって展開された「制裁」を通してアプローチする傾向とは別に，A.シュッツやP.ウィンチなどによって規範が「可能にする」あるいは「授与する」特質が論じられてきたという。また宮台真司は，規範を行為選択の制約機能と把握する伝統に対し，これをある種の期待様式として把握する立場もあることを指摘している。

これらのことや上述した広辞苑の意味も含めて考えてみると，社会現象を分析しようとする際の社会規範には，行為の指針や模範を示す面と，行為の拘束や強制を示す面とがあると言える。指針や模範としてとらえられる場合には，社会規範はそれに倣うもの，魅力あるものとして同調行動を積極的におしすすめる働きをする。逆に，拘束や強制としてとらえられる場合には，行為を義務的に強制したり禁止したりするように作用し，その圧力に対して恐怖感を感じたり，そこから逃げ出そうとする行動を起こしたりする。

このように社会規範は，手本や模範で示されるように，規範領域の中心へ向かって求心化する側面と，逆に拘束や強制と感じられるような，規範領域の周辺において，人々の行為を同調枠内へ押しとどめようとする圧力の側面を持っている。この2つの側面を持つ社会規範は，ある者にとっては魅力的な手本と

なって行為の仕方を導いてくれるものとなり，ある者にとってはたとえ同じ規範内容であっても自分の行為をしばる足かせとなるであろう。

3） 性役割規範の2面性

次の「『女の子』になっちゃう」の文章は，日常生活において行為のしかたを規定している性役割規範についての例である。

「女の子」になっちゃう
　　五歳になる娘は，手に入れたばかりの「白雪姫」のビデオを大事そうに抱えたまま眠っている。一歳のころから見続けている白雪姫の絵本はもうぼろぼろで，「シンデレラ」も「眠れる森の美女」も同様だ。ただ運命に振り回され，王子さまを待つだけのヒロイン。私は苦々しく，彼女の好みを傍観している。
　　願いは独立した人格を持ってほしいことだけで，"女"につくられないよう細心の注意をはらってきたつもりだ。生まれてこのかた，私も連れ合いも一度だって「女の子だから」「女の子らしく」との言葉をかけたことはない。なのに彼女は，確実に女の子らしいものにあこがれを強くしていく。誕生の際インプットされているものがあるのだろうか？
　　幼稚園には絶対にスカートをはいていく。好きな色はピンク。夏に髪を短くしたことをいまだにうらんでいて，美容院で髪を長くしてほしいとせがむ。「お母さん座りをしなさい」と，私の座り方までチェックする。静かにしていると思ったら，部屋の隅で顔やつめをフェルトペンで彩色している。そして，何枚もフリフリドレスの女の子の絵を描いて「かわいい」と，うっとり。
　　私をよく知る友人は「ほーちゃんがちゃらちゃらしたお嬢さんになって，お母さんとけんかするのが楽しみだ」などとちゃかす。あなたの人生だから好きにすればいいけど，その前に母さんはもう一人，家事万端おまかせのフェミニストの男の子を育てときたいわ。（山崎徳子　朝日新聞1994年11月29日）

性役割規範が人々に与える影響は，社会規範のこの二面性と密接にかかわっている。幼児期に女の子が持つ「女の子らしいあこがれ」は，大人社会に一般化している性役割規範を積極的に取り込んでいこうとすることで生じ，そこで構想されるイメージは魅力あふれるものとして描かれる。この場合，性役割規範が示すものはその子にとっての手本を構成し，追求すべきものである。社会規範への同調の程度は，社会化の過程を通じて「成員のパーソナリティ体系に内面化される度合いが強いほど高ま」[9]り，その同調意欲は他者に賞賛されるからとか罰せられるからといった外発的義務によってではなく，みずからの判断に基づく内発的意識になるほど強くなるといえる。

　それとは逆に，「女の子らしくしなさい」と言われる際には，性役割規範に従えという暗黙的圧力がかけられていることを示している。幼児が「お母さん座りをしなさい」と母親に向かって言う時，性役割規範を受け入れた上でそれに従うべきだと考えているのであり，手本や模範への同一化のことよりも同調しなさいという当為の気持ちで言っているのである。母親にとっては，子どもから社会規範に同調しなさいと命令されているわけである。

　性役割規範として示される「女の子らしさ」は，それを受け入れたくない者にとっては，自己の行為を拘束する圧力として感じられるであろう。この例の母親は，男女平等の観点より，自分の子どもが「王子様を待つだけ」といった受動的な人格の持ち主にならないよう案じているのだが，それは大人社会に一般化している性役割規範の拘束的内容を不当なものとみなしているからであろう。

　性役割規範は社会規範の中でも性別というかなり明確なしきりによって領域設定されているため，一方から他方への越境はなかなか困難である。異性の性役割規範が指示していることがらに対する魅力が大きくなってくると，その魅力を追求することは日常行為としては許されないので性役割規範に抵触し何らかの制裁が社会より科されることになる。渡辺恒夫は，今日の問題として，「男女の一線」が男の側から越えにくくなっており，男性はなかなか女性の領土に侵入できず，たとえば男性がスカートをはくと異常視されてしまうことを

問題視している。性役割として規定されている女性的なものを，男性も選択することができるようにすべきだということであるが，これは性役割規範によって規定されている境界をなくすことにつながり，これまで持続的に維持されてきた社会秩序を解体することを意味して，それに従うことは当然だと考えている人から大きな反発を招くこととなる。

また，健康であること，体のスタイルがよいことなど，日常生活の手本や模範として示されることは，一般的な魅力を強く持っていて，人々をその方向へ向かわせる働きをもっている。しかしながら，周囲の多数の者が同じようにしているという実際の行動レベルのところで模範的内容が大きな位置を占めるようになると，強制的意味合いが強くなってくる。

このように，社会規範の2側面が密接に関連して両者の距離がなくなってくると，一方の模倣したいと思わせる魅力的なことがらがそのまま他方の強制的命令となって，脅迫的追従に走ったり，当人に大きな負担となり病理的な状態に陥る場合がある。情報社会の進展につれて，宮島喬は，マス・メディアの発する消費の誘引や流行現象が，目に見えない外的な社会規範として人々を画一的な同調へ駆り立てるようになってきていることを指摘している。

2　社会的場面の日常社会規範

1) 社会規範の適用領域による分類

日常生活における社会規範を整理してとらえようとする場合，いくつかの視点を考慮することができるが，ここではそのうちの1つとして，社会規範の適用領域に注目したい。すなわち，社会規範の及びうる範囲が一定の場面にどの程度固定しているのか，という観点からの考慮である。以下，その視点より類型化し整理する方向で考察する。

H.ポピッツは，社会規範がある社会の全成員に妥当するものもあれば，ある特定クラスの諸個人のみに妥当するものもあることを指摘し，社会規範は分

化する性質を持っていることを述べている[12]。彼はこの社会規範の分化を，樹木が枝別れしていく状態にたとえることができると主張し，彼の議論においては役割論が中心のテーマであるために，主に役割との結びつきの点より考察しているが，役割規範も一定場面との密着度によってとらえなおすことができるので，その視点より次のように類型化する。

1 状況適合性ルールと状況倫理

第1は，日々の社会生活の具体的な場面ごとに自然発生的に生じてくる行為様式の基準化である。これは，状況適合性ルールや状況倫理の名で概念化されている。

状況適合性ルールとは，面識のないメンバーによって構成された集団において，集団内相互作用が行われた結果発生してくる，これまで無秩序にふるまっていたメンバーの行為様式を一定の様式に規定する自然発生的なルールをいう[13]。これはきわめて個別的で，メンバー間でのみ通用する状況的行為準則である。

状況倫理とは，浜口恵俊によると，「志向のたびごとに，「状況」に応じて個個に〈設定〉される「標準」のこと」であり，個別的状況に対して融通性に富む対処が可能である点に，状況倫理の大きなメリットがあるという[14]。小原信によれば，普遍妥当性を持つ原則や法則，あるいは画一的な宗教的教えとは違って，個々人のおかれた具体的な状況の中での主体的な決断を重んずる際の状況内でのふさわしさが状況倫理である[15]。

これら行為様式を指示するメンバー間の準則は，非常に可変的で局所的なものであり，社会規範としての適用範囲は狭いと言える。しかしながら，時には固定化した表向きの規則を無効にするような形でつくられ，インフォーマルルールとしてメンバー間で実質的な働きをすることもある[16]。

2 社会的場面の社会規範

第2は，E.ゴフマンが主張する「社会的場面（social occasions）」における社会規範である。社会的場面は，「多くの状況や集まりに社会的コンテクストを与

第7章 日常社会規範を考える　133

え，それらを形成したり，解体したり，再形成したりするが，その過程で，ある型の行為がその場に適した，（しばしば）公認の，あるいは予定されたもの……として承認されるようになる。社会的場面の例は，パーティ，職場，ピクニック，あるいはオペラの夕べなどである。」[17]

このように，パーティやオペラの夕べなどといった一定の場面は，具体的な個人的経験や日常感覚が形成される以前に，ある程度一般化した段取りやある種の通念として既に抱かれている。そこでは，個別的な対人交渉のもとに発展しつつ次第に定着していく状況適合性ルールとは別に存在する，一定の場面に対するマナーや様式が社会規範として存在している。状況適合性ルールや状況倫理は，メンバー間でのみ通用するものであるが，マナーや作法と呼ばれるものは，多少のバリエーションを伴いつつ多くの人に共有されており，見知らぬ人ばかりの集まりであっても一定の場面において，人々の行為を秩序あるものにする。

3　一般化された慣例や法

第3は，より一般化された慣例や法である。多くの人に慣れ親しまれている様式や一貫した論理のもとに，行為の仕方や禁止事項が定まっていて，いかなる場所であろうとも，違反行為に対して所定のサンクションを科す社会規範である。多様な事情への配慮や情状酌量の余地はあっても，たとえば殺人や窃盗が教会で行われようとキャバレーで行われようとも，基本的には刑罰は場所の如何にかかわりなく，行われた違反行為への相応の量が科されるべきだと考えられている。全体社会レベルにおいて，一律に適用される社会規範である。

2）　社会的場面の一般的イメージとしての社会的意味空間

日常社会規範を一定の場面への密着度からとらえた場合に3種に分類されることを述べたが，ここではその中より場所の限定性を強く受ける社会的場面の日常社会規範について考えてみたい。

ゴフマンによれば，社会的場面は人々の参加によってその都度形成される直

接的な共存の関係である。たとえば火曜日の午後の下町のような社会的場面は，参加者がその実態を全体として見通したり，それを再構成したりできるような独特の展開や構造をもったものではないので，彼はそれを「散漫な社会的場面（diffuse social occasions）」と呼んでいる[18]。

これに対し，告別式などでは始まりと終わりがかなりはっきりしていて，参列者や許される行為はかなり厳しく限定される。そこでは，行動の目録，役割分担，ふさわしくない行為の制裁規定，場面展開の段取りなどが前もって決められているという。このような一定の枠組みがはっきりと定まっている社会的場面を，（日常社会規範の）「濃密な社会的場面」と言うことができる。これはゴフマンのいう厳粛な社会的場面に近い。

散漫であれ，濃密であれ，社会的場面では一定の社会規範が前提としてあり，そこからわれわれは他者と相互作用し独特の社会的場面を展開させていくことになる。つまり，メンバーは現実的な状況への投企に先立って，特定の場に対して抱く一般的イメージを持っており，それはいわば社会的場面の舞台となる空間像となっていて，付随する標準的な社会規範がその空間像を冷厳なものとしたり開放的なものにしたりしている。たとえば教会という場面では神聖な雰囲気が漂っていて，むやみに歩き回ったりうるさくしてはいけないというイメージを持つであろう。

このような多くの人が抱くイメージは，場所と時間が定められた社会的場面そのものではないので，それと区別するために，特定の社会的場面に対する一般的イメージを「社会的意味空間」として規定することにする[19]。その代表的な例は，図表7-1のように掲げることができよう。但しここに掲げているのは，あくまで一般的なイメージを示しているだけである。たとえば刑務所についてみると，そのような空間には囚人，監守，所長など種々の役割の人が配置されそれぞれの役割によって空間イメージも異なるであろうが，多くの人々によって通常いだかれる空間イメージを考慮すると，従属的下級参加者である囚人にとっての意味空間を指すものになるだろう。ごく一般的に，囚人にとっての刑務所は，行動の自由を制限され苛酷な労働を強制される監獄の状態として想定

図表 7-1　社会的意味空間の分類（一般的参加者を中心として）

①濃密で冷厳な空間	
会議場，国会，公民館，集会場	（討議の場）
教会，祭壇，境内，モスク	（聖なる場）
葬儀場，処刑場，刑務所，捕虜収容所	（死や苦痛と面している場）
②濃密で晴ればれしい空間	
結婚披露宴，祝賀会会場	（祝いの場）
社交場，ダンス場	（社交の場）
コンサートホール，展示場，演劇場，映画館	（鑑賞の場）
競技場，テニス場，土俵，闘技場，道場	（格闘の場）
③日常的公の空間	
作業場，工事現場，調理場，職場	（労働現場）
教室，塾，図書館	（学習の場）
道路，廊下，エレベーター，階段	（通行する場）
車内，機内，船室	（移動時にいる空間）
④散漫で開放的な空間	
イベント広場，お祭り場，遊園地，公園	（群れ楽しむ場）
パチンコ屋，ディスコ，カラオケ場，ゲームセンター	（発散の場）
プール，スキー場，ゴルフ場，運動場	（スポーツする場所）
見晴し台，展望搭，屋上	（眺望の場）
⑤散漫で内閉的な空間	
喫煙所，屋根裏部屋，喫茶店，飲み屋	（息抜きの場所）
浴室，トイレ，寝室，個室	（一人になれる場）
楽屋，準備室，待合室	（控えの空間）

されるであろう。

　一般的にイメージされる社会的意味空間について，付随している社会規範を中心にしてそのおおよその区分を試みると，その場に一般的参加者として居合せた時，まず社会規範が濃密であるか，散漫であるかによって分かれ，次に厳粛であるか，開放的に感じられるか，内に閉じられ私的に感じられるかによって，①濃密で冷厳な空間，②濃密で晴ればれしい空間，③日常的公の空間（社会規範の濃淡は中間的），④散漫で開放的な空間，⑤散漫で内閉的な空間と大きく5つに区分することができるだろう。

こうした社会的意味空間としてわれわれがいだく特定場面の一般的イメージは，その構想のされ方や社会規範の内容について，個人差，地域差，文化的な差などを当然のことながら持っているだろう。たとえば，故人をまつる葬儀の仕方が地域によって異なっていて，遠方から来た人が自分の持っている社会的意味空間像と大きく隔たっているために，強い異和感を感じて葬儀になじめなかったということはありうるだろう。あるいは葬儀の進行をめぐって，流儀の異なる親族間で対立が生じるかもしれない。このようにかなりのばらつきはあるものの，現代社会においてはさまざまな種類の社会的意味空間のイメージが存在していて，それに伴う社会規範もそれぞれ細かく規定されている。人々はステレオタイプとしての社会的意味空間をもとに，現実の社会的場面での役割演技をうまく遂行していかなければならないのである。

3) 社会的場面における行為者の表出様式

　上で述べたように，社会的場面は，人々によってイメージされる社会的意味空間を基礎として，参加メンバーによってその都度形成される共存関係であるが，その際社会規範は社会的意味空間に付随する内容が基準となってメンバーの行為を規制する。従って，社会的場面へ入る時には，自分自身がとらなければならない表出様式が，社会的意味空間を共通に認識することで，おおよそ一般化されている。レストランにお客として行く際のエチケットやマナーがその例であり，親は子どもに一般化されたものとしてそれに注意を喚起させる。時には，かたくるしいテーブルマナーが煩わしいために，レストランへ行くことを控える人もいるかもしれない。散漫な社会的場面か，濃密な社会的場面かは，この表出様式の拘束力の程度によって分けられると言えるであろう。

　このように，社会的場面には日常的社会規範が必ず伴っており，メンバーは自分自身の表出様式をそれに従って整えなければならない。そうでないと，まさに場違いの行為となってしまう。こうした社会的場面におけるメンバーの表出様式には，次のような項目があげられる。

1 動作様式

　第1は，動作様式であり，もっとも基本となる身体の動かし方についての様式である。濃密な社会的場面では，それぞれの人々の動きはかなり厳格に様式化されている。テーブルマナーに従った食事の取り方や，冠婚葬祭の儀式における身のこなしかたなどである。また，選出された人々が集まって議案や予算を討議する場では，決定に至るまでのプロセスが重視されるために，メンバーの発現や行動の仕方はかなり厳しく規制されている。

2 自己の外見

　第2は，自己の外見にかかわる様式であり，社会的場面に適合するような，服装や身につけなければならない装身具についての決まりごとである。濃密な社会的場面においては，豪華なパーティドレスを着ているとか，落ち着いてはいるが地味な執事の服を着ているとかによって，それぞれの人物の状態がわかる場合が多い。しかし，各人の判別がつきにくい場合には，個人の役割や地位を明示するために，一輪の花やリボンをつけたり写真つきの名札を携帯したりする。

3 発話様式

　第3は，発話様式，すなわち口調，口数，語彙，アクセントなどについての表出様式である。多くの散漫な社会的場面，すなわち公園や展望搭など野外の開放的な空間や，喫茶店や待合室など閉じられた空間などでは，しゃべり方を規定するエチケットや作法があるわけではない。かなり自由に発話行為を行うことができるが，それでも奇声をあげたり猥せつな言葉を口にしたりすることは慎むべきだとたいていの場面で考えられている。濃密な社会的場面である討議の場や聖なる場では，そうした場所でのみ使用される語彙やアクセントを用いなければならないことがある。議事場での慣例化された言い回しや教会での特殊な宗教用語の発話行為などがそうである。

4 感情表現及び表情表出

第4は，感情表現および表情表出で，その場面でとるべき感情や顔の表出である。濃密な社会的場面では，その場にふさわしい表情の取り方や感情表現をとる必要があり，そうでないと顰蹙を買うことになる。お通夜や葬式の会場で，うれしそうな笑いの表情をとってはいけないということは，常識的な日常ルールに属するであろう。

5 社会的場面に占める位置

第5は，社会的場面に占める位置の問題である。このことについても，濃密な社会的場面においては，細かい様式がそれぞれ決められていて，役割の序列や社会的地位によって厳格に配置や席順が定められていたりする。他方，散漫な社会的場面では客や一般参加者としている場合，配置が特定化されることは少ないだろう。

6 責任の所在や役割分担

第6は，責任の所在ないしは役割の分担にかかわるものである。これは視覚的にはっきりとした形では示されず，現象面では上にあげた項目のどれかが表出されることによって出現するものである。その意味では，他の項目と不分明なところもあるが，たとえば社会的場面全体を統轄する重要な人が，上にあげた表出をしていなくとも，他のメンバーはその人を意識していて多大の注意を払い，外部の者からは周囲の者と区別できないけれども，その人のもとに行事や作業が進行していくというようなことがあるだろう。

我々は一般的イメージとしての社会的意味空間を手がかりにして，日常的社会規範である様々なマナーやしきたりに縛られつつ，多様に分化していく日常生活を生きているのである。このように考えると，日常社会規範はただただ煩雑な我々の行動をむやみに拘束するものであるかのように思われるが，前述したように模範的側面を有し行為への指針を示して，確実性や能率化の方向へ収斂する面も持っている。

この点に関して，N.ルーマンは，彼が構想する社会システム論の立場より社会規範について言及している[20]。彼によると，従来行われてきているように，ただ行動の予期から出発し，次いでその予期に適合した行動の確保を目指すというアプローチでは，規制的な意味総合機能は完全にはとらえられないとし，予期を予期するという反射のレベルをとらえることが重要であり，それによって予期の確実性をつくりだすのであり，たとえば社交術というものは予期の予期を通じて初めて可能になるのだという。そこから，自己の行動の確実性と他者の行動の計算可能性が生じ，有効な予期を安定化させた準則への志向によって，予期への志向は不要になるという[21]。

　準則のおかげで，人は，それに違反する者は間違って行動したのであり，その予期と実際とのくい違いは自分の間違った予期にではなく，他者の間違った行為に帰責されうる，という前提に立つことができ，その限りで，N.ルーマンの指摘に従って，社会規範は複雑性と不確定性の重荷から意識を解放してくれるのだととらえることができる。

3　社会規範とサンクション

1）　サンクションの様態による社会規範の類型

　社会規範は，それへの同調のチャンスを高めるような褒賞と制裁，すなわちサンクションを伴っている場合が多いが，それには誇りや恥の感じをもたらす無定形の圧力から，勲章授与や物理的強制に至るまで，多様な形態がある。次に，サンクションの発動の様態に注目し，社会規範に違反した者への制裁の問題について考察する。

　M.ウェーバーは，正当なる秩序の種類には「慣例」と「法」があると述べている[22]。前者については，その効力がある特定のサークル内部における違反が比較的一般的な，実際にそれと感じられるような非難を招くという可能性によって外的に保証されていると説明し，後者については，その効力が，遵守の強

制や違反の処罰を本務とする専門のスタッフの行為による肉体的あるいは精神的な強制の可能性によって外的に保証されていると説明している。この2類型の上に塩原勉は，外的制裁効力の弱い「慣習」を加えて，サンクションの様態による社会規範の類型を示している[23]。ここでは彼の類型に従って，次のように3つに分類する。

1 慣　習

　第1は，社会的行為の事実上の規則性が，ある範囲の人々がなれ親しんで久しく身についたものである場合の「慣習」である。

　ゴフマンによると，厳密な礼儀作法の凡例としてエチケットの本に記録されているが，ほとんど実行されることのない行為と，罰金を支払わなければならないというような必ず実行しなければならない行為の中間に，他人から「黙認される」あるいは「容認される」行為というものがあり，この種の行為をおかしても，他人はせいぜいしかめ面をするくらいであるという[24]。

　塩原勉によると，慣習を保証し持続させるものは，伝統的なしきたりに対する無批判な同調であったり，追従することによって得られる利便性であったり，従わない場合に生ずる不利益を予想することであるという[25]。従って，慣習は外的制裁力によって保証されていないが，日常生活においては微妙なところで行為の仕方を左右する非常に身近な社会規範である。

2 習　律

　第2は，社会規範の違反に何らかの非難や非公式の制裁が加えられる「習律」である。

　その例として，地域における風習，因襲，掟などといわれるものがあげられる。宮島喬によれば，村落共同体において持続的に行われてきた慣習が，「村落の団結」のために必要であるとして特別な意味づけが与えられ，その違反者に倫理的非難や集団絶交という制裁が加えられる場合，このような社会規範は「モーレス」(mores)であるという[26]。モーレスはW.サムナーによって詳しく

議論されており，そこでは「モーレスというものは，一方での，それは絶対的，自然的必要性（たとえば，食べることや眠ること）の表現や実現ではないということと，他方での，それは個人の気紛れな意志から独立し，そして一般に良いもの，妥当なもの，適切なもの，価値あるものとして受け入れられているということのかぎりにおいて，あらゆる集団における慣例である」と規定されている[27]。

また，特定のサークルや職場などの集団内で次第に固定化していく慣行は，その違反に対してそれと感じられるような非難や公式ではない制裁が加えられるので，習律とみなすことができる。

3 法

第3は，遵守することを強制したり違反者を処罰することをもっぱらの任務とする専門のスタッフが存在していて，このような強制によって保証されている「法」である。

この法についての研究の古い伝統と長い歴史を持つのが，いうまでもなく法学であり，井上茂によれば，この法学は「その認識対象を法秩序にかかわる社会的，政治的行動よりも，裁判行動に焦点を置く限定の仕方をとる」研究領域であるが，現代の法学認識においては，「社会に現実に生起し形成されつつある状況や要請が裁判行動を通じて，どのように汲みあげられ法秩序化」される[28]かという認識が入ってきているという。このことは，慣習や習律が法と連続性を持ち，日常生活での秩序化の様式やサンクションのあり方が法的秩序形成に影響を与えることを示している。

慣習，習律，法は，順に社会規範の内容規定が固定的で厳格なものとなっていくが，それとともに，サンクションの発動の様式も厳しいものとなっていく。そのことは法に抵触して刑罰を受けることが稀であることからわかるように，日常性から遠ざかっていくことも示している。

対人関係のさまざまな葛藤状態は，習律や慣習がかかわっているところで生じることが多いので，集合的非難を浴びて制裁的処罰が行使される場合には，

社会的に厳格に規定されてはいないけれども，身近なところで行使されるために当人にとっては苦痛の大きいきわめて厳しいものになる場合がある。

2） サイレントコミュニケーションと集合的制裁

　以上，これまでの諸説に従ってサンクションの様態別に社会規範を分類し若干の考察を加えた。いじめ現象など，日常生活における対人および集団での現象を考える際には，サンクションの発動の程度において中間的な社会規範である習律の状態を明らかにする必要があるだろう。

　いじめ現象に関係する集団内規範にふれると，吉田脩二は集団内での「サイレント・コミュニケーション」に注目している[29]。サイレント・コミュニケーションは，日常生活のちょっとしたやり取りとして示され，以心伝心的なメッセージの伝達が行われる。たとえば，みんなが自分を嫌っているということを面と向かっては言わずに，靴紐を両方隠すというようにサイレントでそれを察するように仕向ける。

　そして，認めない場合はみんなで無視し，自分が悪かったことを認めた場合は黙認する。このことがサイレント・コミュニケーションにおけるサンクションということになる。サイレント・メッセージの発信は，集団の中で秩序を乱している者への制裁勧告であり，集合的に処罰する前の最後通告であると言えるだろう。もともとサイレントということは，公式の場ではなく穏便に内々でことを済まそうとする意図の現われであり，仲間同士の暗黙的了解を得るための手段であった。

　最後通告を受けた者が騒いで表沙汰にするということは，事態が決定的にしかも非日常的になってしまうことを意味している。従って，サイレント・メッセージを表沙汰にした場合には，仲間内のコミュニケーションルールに違反したということや，仲間の期待を裏切ったということや，自分たちで事態を解決することのできない場へと移行させたことにより，決定的排除になる。

　このサイレント・コミュニケーションは，公の場で表立った議論をしないという意味で，中野収のいう日本の村における「寄合い」のコミュニケーション

と共通し，日本人のコミュニケーションの特徴を示しているとみることができるだろう。彼によると，話し合いの場ではいわゆる討議が行われるわけではなく，見解や要求をぶつけ合ってもそれはひたすらにモノローグであり，家に帰ってからそれぞれのメンバーの見解が修正される。そして，それの繰り返しによって一致点に到達し，共同体の意志決定が形成されるのだという。ここには，公式の場での決定的対立を避け，各自の譲歩により集合的調整をはかろうとする工夫が見られる。サイレント・コミュニケーションの場合も，当事者間での話し合いはなく，一方的に送られたメッセージにどう行動するかで集合的反応が決まるわけである。

おわりに

　日常生活における社会規範の若干の側面について言及してきた。このことは，社会規範を考察するための基礎的な作業であるが，対人関係や集団について考える際のもっとも重要な着眼点であり，社会状況の変化と共に絶えず問い直していくことが必要であろう。

　本章においては，まず行為主体の側からは模範的側面と拘束的側面を有していること，そのことにより同調行動を積極的におしすすめる作用と行為を禁止したり強制したりする作用が働くことを論じた。特に性役割規範にそのことが顕著であり，行為の手本や指針として魅力あふれるメッセージを提示する一方，男女それぞれの行為を拘束する暗黙的圧力をも構成している。そしてこの両者が重なると，ダイエットへの脅迫的実行に示されるように病理的な状態へと人を追い込む場合がある。

　次に，社会規範の適用領域による分類を行い，その中の1つである社会的場面の社会規範について言及した。そして，動作様式や発話様式など，社会的場面において守らなければならない表出様式について論じた。最後にサンクションの様態からみた社会規範について若干考えた。これまでの見解に従って類型化し，集団内でのサイレント・コミュニケーションに関する社会規範について

言及した。

　日常生活における社会規範は，人と人との関係に秩序を与えて行為の仕方に一定の確実性をもたらしてくれるが，それへの順法意識や強制圧力が働くと，児童生徒の不登校や女性の摂食障害などを招くことにつながる。そのことを明らかにするためには，社会規範の多様な側面を現代人の生活状況の中で詳細に位置づけていく必要があるだろう。

1) 盛山和夫によると，これまでの規範あるいは秩序の「創生問題」の議論は，「1．以前にはおそらく存在しなかっただろうと推定される言語や法や規範が，人類の歴史において，どのようにして発生してきたのか，という歴史的な起源問題」，「2．ある社会的場面において，新しい規範的秩序が形成され確立されていくのはどのようにしてかという日常的な創発問題」，「3．歴史的経過としてではなく，ある仮想的に考えられた前秩序状態における問題的状況が，どのような新しい内的あるいは外的な機制によって解釈されるのかというモデル的な導出問題」の3つが混在しているという。盛山和夫『制度論の構図』，創文社，1995年，118-119頁。社会規範について，より原理的に明らかにしようとするならば，第3の「モデル的な導出問題」を考慮することになるのであろうが，盛山が論及しているように，ゲーム論や合理的選択理論などでは解明できない部分があり，なおかつ社会規範は「超個人的，普遍性，公共性といった集合的性質を具現するものとして人々の間で了解されている。」盛山和夫，同書，285頁。こうした指摘を参考にして，本章では，社会規範が日常生活の中ですでに存在して現実に作動している局面を考察する。従って，第2の「日常的な創発問題」を扱うこととなる。
2) 正岡寛司「現代家族へのアプローチ」正岡寛司・望月嵩『現代家族論』，有斐閣，1988年，2-9頁。また，塩原勉はほぼ同様の内容を「構造次元」として述べている。塩原勉『社会学の理論Ｉ―体系的展開』，日本放送出版協会，1986年，148-149頁。
3) 岩井弘融『社会学原論』，弘文堂，1972年，210頁。
4) E.M.シャー（畠中宗一・畠中郁子訳）『被害者なき犯罪　堕胎・同性愛・麻薬の社会学』，新泉社，1981年（原著1965年），221-236頁。
5) 宮島喬「社会規範」森岡清美・塩原勉・本間康平編『新社会学辞典』，有斐閣，1993年，606-607頁。
6) 岩井，前掲書，209-210頁。同様の指摘として，M.アーガイルとM.ヘンダーソンは，人間関係のルールについて「すべきである」で表現される「指令型」のルールと，「すべきでない」で表現される「禁止型」のルールに分けている。M.アーガイル，M.ヘンダーソン（吉森護編訳）『人間関係のルールとスキル』，北大路書房，1992年（原著1985年），48-49頁。
7) A.ギデンズ（松尾精文，藤井達也，小幡正敏訳）『社会学の新しい方法規準　理解

社会学の共感的批判』，1987 年（原著 1976 年），153 頁。
8）　宮台真司「規範」『社会学辞典（縮刷版）』，弘文堂，1994 年，192 頁。
9）　大坪嘉昭「規範」日本教育社会学会編集『新教育社会学辞典』，東洋館出版社，1986 年，143 頁。
10）　渡辺恒夫『脱男性の時代―アンドロジナスをめざす文明学』，勁草書房，1986 年，19-23 頁。
11）　宮島喬「社会規範」北川隆吉監修『現代社会学辞典』，有信堂高文社，1984 年，209-219 頁。
12）　H. ポピッツ「社会学理論の構成要素としての社会的役割の理論」J. A. ジャクソン編（浦野和彦・坂田正顕・関三雄訳）『役割・人間・社会』，梓出版，1985 年（原著 1972 年），25-26 頁。
13）　竹川郁雄『いじめと不登校の社会学―集団状況と同一化意識』，法律文化社，1993 年，41-42 頁。
14）　濱口恵俊『「日本らしさ」の再発見』，日本経済評論社，1977 年，39-40 頁。
15）　小原信『状況倫理ノート』，講談社，1974 年，32-34 頁。
16）　G. C. ホーマンズ（馬場明男・早川浩一訳）『ヒューマングループ』，誠信書房，1959 年（原著 1950 年），87 頁。
17）　E. ゴフマン（丸木恵祐・本名信行訳）『集まりの構造―新しい日常行動を求めて』，誠信書房，1980 年（原著 1963 年），20 頁。
18）　E. ゴフマン，同書，21 頁。
19）　竹川，前掲書，137 頁。
20）　N. ルーマン（村上淳一・六本佳平訳）『法社会学』，岩波書店，1977 年（原著 1972 年），37-44 頁。
21）　N. ルーマンは，準則をこのように規定しているが，規範については，「当為」の視点からとらえており，規範とは事実として遵守されるか否かにかかわりないという意味で，「抗事実的に安定化された行動予期である」と規定している。N. ルーマン，同書，50 頁。
22）　M. ウェーバー（清水幾太郎訳）『社会学の根本概念』，岩波書店，1972 年（原著 1922 年），54-55 頁。
23）　塩原，前掲書，1985 年，31-34 頁。社会規範の現象形態を慣習，モーレス，法，その他道徳や制度に分類するのは，次のものにも見られ，一般的な分類だと言える。寿里茂「規範」福武直・日高六郎・高橋徹編『社会学辞典』，有斐閣，1958 年。また，宮島，前掲書，1984 年，213-215 頁。
24）　E. ゴフマン，前掲書，1980 年（原著 1963 年），7-8 頁。
25）　塩原，前掲書，32 頁。
26）　宮島，前掲書，214 頁。
27）　W. サムナー（青柳清孝・園田恭一・山本英治訳）『フォークウェイズ』，青木書店，1975 年（原著 1906 年），78 頁。
28）　井上茂『法秩序の構造』，岩波書店，1973 年，5 頁。

29) 吉田脩二『いじめの心理構造を解く―学校の開放をめざして』, 高文研, 1996年, 23-33頁。
30) 中野収「日本型組織におけるコミュニケーションと意志決定」濱口惠俊・公文俊平編『日本的集団主義―その真価を問う』, 有斐閣, 1982年, 143-168頁。

第 8 章　集団内で作られるルールと恥意識を考える

はじめに

　集団が形成されてメンバー間の相互作用が蓄積されていくと，固有のメンバーに対して集合的排除が行われたり，メンバーが集団より離脱していくといった現象が出現することがある。そうした現象について，集団内で自然発生的に形成される規範と，他者のまなざしによってできる羞恥感情を中心にして，発生要因の考察を進めることにしたい。
　これらの具体的な現象として，集団内いじめと不登校をあげることができよう。それらの現象に対する本章での基本的な問題関心として，羞恥感情が他者に向けられることで排除的ないじめが生じるのではないか，また不登校を中心とした集団からの離脱現象を羞恥感情によって説明することができないか，ということを設定する。その際，集団内で作用している規範や評価のあり方が，羞恥感情の発生を規定し，集団の集合的状態を左右する重要な位置を占めているとの仮説のもとに考察する。一定の集団内でのインフォーマルな規範の形成については，有名な「ホーソン実験」により指摘されている。そうした知見を参考にしながら，自然発生的な状況適合性ルールの一般的規定を進めることにしたい。羞恥感情にかかわる罪と恥については，ルース・ベネディクトによる主張を発火点として，多くの日本人研究者が批判的議論を展開している。その中で発展的な考察が，作田啓一によって羞恥論として提起されているので，かれの主張を手がかりに考えてみたい。
　上に述べたような問題関心のもとに，まず状況適合性ルールについて，具体

的にはどのような内容であるのか，社会規範としてどのような特徴を有するのかについて考察する。次いで，罪と恥の議論を取り上げ，そこから羞恥論へと進み，集団内における羞恥感情について考える。最後に，状況適合性ルールと羞恥感情との関連，および集合的排除や集団からの離脱の要因について考察する。

1　状況適合性ルールの形成

1）フォーマルなルールと状況適合性ルール

　教室，職場，病棟など，ある一定の空間で集団が結成されると，必要最小限のルール作りが行われる。それがフォーマルなルールとしてメンバーの行為様式を規定し，その範囲内で対面的相互作用が行われる。このルールの内容が適切で過不足なく設定されていれば，それ以上のルールが作られる必要はない。しかし，現実にはそれは難しい。また最初にうまく設定し得たとしても，集団の状態は時間が経過するにつれて変化し，それに伴ってメンバーを律するさまざまな規定も変わっていく。

　そうしたフォーマルなルールにしばられながらも，各メンバーは，常時「状況の定義づけ」を行って集団内の状態を，主観的に解釈している。その際，メンバーによる解釈の対象となるものが，集団状況である。それは，一定の空間内の集団を母体として，集合的に形成される情緒的ネットワークであり，時間の経過につれてメンバー間の対面的相互作用が集積していき，それとともに集団状況が変化していく。

　集団状況が変化しメンバーの行為パターンにこれまでとは違った部分が生じると，その都度ルールを変えていかなければならない。たてまえの部分としてフォーマルなルールが制定されていて，外部へのメンツがあるため，あるいは外部から強固に押しつけられていて，内部の事情にそうようには変えられない時，すでに規定されているフォーマルなルールと，内部の親密な相互作用の集

積により変化した集団状況が要求する行為の準則との間に乖離が生じてくることとなる。そのような場合に，集団状況に即してメンバーの行為を律する「状況適合性ルール」が発生してくる。

　このルールは，集団に対してフォーマルに規定されたルールを前提とするが，メンバー間で共有された状況の定義づけをもとに集合的に形成されるため，フォーマルなルールに反発する意識のもとに状況が定義づけされ，それを無効にする形で内容規定されることもある。集団状況にふさわしくふるまうように仕向ける状況適合性ルールは，各メンバーの集団状況における行為の適合度を規定し，そこからメンバー間で集団状況を察知する能力や集団状況に適合する能力の差を発生させる。

2）　社会的場面と状況適合性ルール

　ところで，ある固有の「場所」というものは，具体的な個人的経験や日常感覚が蓄積される以前に，かなり漠然とはしているものの，ある程度一般化した段取りやある種の通念を含んだものとしてすでにいだかれている。それは，個別事情のもとに発展しつつ次第に定着していく集団状況とは別に存在する，一定の空間のイメージである。典型的なものとしては，結婚披露宴，社交場，葬儀場，調理場などであり，それぞれ場所に見合った規範がエチケットやマナーという形で付随している。

　E. ゴフマンは，「社会的場面」という概念でこのことを規定している[1]。この社会的場面は，広範な社会的事象，行為，あるいはできごとであって，場所と時間が定められており，前もって場面の段取りが定められていることが多い。すなわち，社会的場面は，多くの状況や集まりに社会的コンテキストを与え，それらを形成したり，解体したり，再形成したりする。社会的場面において，自分自身の表出様式として整えなければならないことがらをあげてみると，動作様式（パフォーマンスの取り方），自己の外見（服装，アクセサリーなど），発話様式（口調，口数，語彙，アクセントなど），感情表現と表情表出（顔の表情や視線の取り方など），空間内に占める位置（序列性や親密性の配慮）などをあげる

ことができよう[2]。

　こうした諸点に気を配りながら，全体として「集まりにあまりにも自分を出し過ぎたり，それからあまりにも引きこもったりして，過度の注意を引くようであってはならない。その場の精神あるいは雰囲気に合うようにしなければならない。出過ぎてもいけないし，場違いであってもならない。時には，自分あるいは他人がそうでないことを知っていても，状況に適合しているかのように振舞わなければならない。場の調和をそこなわないという配慮から，そうでないことがすぐわかる時でも，その場に属しているようなふりをして自分を偽り，ついには自分を傷つけるにいたることさえもある。」[3]

　ゴフマンの提起する社会的場面とは，このようにおおよそ一般化されたエチケットやマナーといった規範が存在し，それとの関わりにおいてどのように振る舞うべきであるか，対面を取り繕うために人間はどのように行動するかが問題となる。

　それに対して前述した状況適合性ルールの視点は，それが形成される集団状況において，社会的場面としての部分を認めつつも，つまり大枠の常識的な行為規範はあるものの，細部について，あるいは全く取り決めのないことがらについて，一定の秩序を成立させていく過程を問題にしようとするものである。

3） 状況適合性ルールの種類

　こうしたことに関連する古典的な研究として，アメリカのウエスタン・エレクトリック社のホーソン工場での実証的研究があげられよう。その成果について，G. C. ホーマンズは，『ヒューマン・グループ』の中で詳しく言及している。このホーマンズの小集団研究を参考にして，どのようなことが状況適合性ルールの内容となるのか，タイプ分けしてみると以下のようなものがあげられる。

1　管理者や外部への密告の禁止

　いわゆるチクル（密告する）ことによって，仲間に害を与えたり，一人だけ管理者に優遇されようとすることは，集団において最も嫌われる行為であろう。

仲間集団への裏切りであり、そのような者がいることは、仲間集団の維持存続にもかかわることであるから、密告が発覚した場合には厳しく非難され、うちうちに処罰されることになる。こうした密告の禁止はたいていのインフォーマル集団において発生する。

2　業績, 評価, 苦痛の均等化

　ホーソン工場の場合、工場内で設定されている生産高をはるかに超えて仕事をした人は「率破り」あるいは「スピード王」と呼ばれ、逆に少ししか生産しない人は「詐欺師」と呼ばれたという。あまり速くあるいは遅く働いていると思われた人は、「バンジング」と呼ばれているゲームを受けた。それはゲームに見せかけた強く腕を打つというサンクション（罰）であった[4]。他のメンバーと歩調を合わせることを要求するルールである。このメンバーの均等化の極端な例として、1970年代の動労（国鉄動力車労働組合）の場合がある。稲上毅によれば、機関区の中に形成されているコミュニティ（庫と呼ばれる）において、年功的平等主義を貫くため独自の昇格序列づけの先任順位が決められ、職務の平準化が行われていたという[5]。ただしこの場合は、ここで問題としている状況適合性ルールから出発しながらもその形態を越えて、強固な労働組合の集団規範として明確な均等化がなされている。

3　娯楽的感情指向

　ホーソン工場では、硬貨合わせ、トランプ遊び、競馬など賭事を行っていた[6]。単調な作業をカバーするために何か刺激を求めてゲーム的なことが行われたりする。このように集団維持機能にかかわることについては、フォーマルには定められていないことが多く、半ば黙認されるような形で慣例化していく。そうした場合の定着した行為パターンが状況適合性ルールとなる。

4　メンバー間の序列化あるいは集団状況内役割にかかわるもの

　集団内のリラックスや友好的雰囲気にかかわる役割は、集団状況の流れの中

でほとんど必然的に発生し，集団内で重要な位置を占めるであろう。場合によっては，フォーマルに定められたリーダーよりも実質的に強い影響力を持つこともある。千石保は，日本の教室の中で人気者が，勉強のできる者から冗談のうまい者に変わってきていることを指摘しており[7]，このことは，集団内の情緒的雰囲気を左右するインフォーマルな役割が，教室内で大きな位置を占めていることをうかがわせる。

　これらの内容を通観してみると，内部団結にかかわるものと，内部序列にかかわるものとに大きく分類することができる。つまり，1から3まではメンバー間の結合を促すものであり，同調・逸脱の規準でとらえられる。4は競争や対立にかかわって内部崩壊しないための取り決めであり，優位・劣位の序列規準でとらえられる。

4) 状況適合性ルールの特徴

　次に，状況適合性ルールの特徴を見てみよう。このルールは，広く規範一般から見れば，成文化された法律などと違って，社会全体の中で大きな位置を占めているわけではない。しかし，各人の生活世界の細部の具体的な行為領域にかかわるものであり，それだけに普段の日常生活の中で常に関心を持たざるを得ないものでもある。次にあげる特徴は，その点に関係している。

1　メンバーへの親密性

　まず第1に，メンバーへの身辺上の親密性をあげることができる。自らもルール作りに参画することができ，ルールを担っていく主体となる。時には常識としてあるエチケットやマナーを変形させて，集団状況内でのみ通用するルールを発達させることもある。たとえば，教室内で生徒がテレビではやっている一風変わったポーズを取って挨拶し合うことなどがある。

2　内容規定の流動性

　第2は，集団状況に密着しているがゆえに，社会規範の内容が流動的で，必

ずしも論理的一貫性はないことである。この内容規定の流動性ということは，一見社会規範として機能しないかのようであるが，メンバー間で敏感に看取されて一定期間は行為の細部を規定しているのである。

3 インフォーマルな制裁
第3は，違反に対してインフォーマルな制裁を科すことである。ささいなことに関する規定であっても，その集団状況内では多数のメンバーの関心事となっていることが多い。従って，違反すると目立ち，集合的な非難をあびることになる。それだけではすまずに成員性を一時的に剥奪する，つまり同じ集団のメンバーとして扱わない，仲間外れにするなど，制裁が行われることもある。

以上のような特徴づけをすると，どうしても規範の機能的な側面を位置づけることになる。もちろんそのことも重要であるが，それだけでなく集団状況という個別性に絶えず留意しながら，状況の定義づけの視点と接合させて，メンバーの解釈と集合的状態のダイナミックな流動性を視野に入れることも非常に重要であろう[8]。

2 罪と恥の意識

1) 罪と恥の議論

次に，罪と恥およびその発展的議論について考察していく。ここでのテーマについては，ルース・ベネディクト，作田啓一，森口兼二，井上忠司，副田義也，内沼幸雄らの先行研究があるので，それらを参照しつつ考えていきたい。

ルース・ベネディクトはその著書『菊と刀』の中で，罪と恥について次のように論じている[9]。「真の罪の文化が内面的な罪の自覚に基づいて善幸を行なうのに対して，真の恥の文化は外面的強制力に基づいて善幸を行う。恥は他人の批評に対する反応である。人は人前で嘲笑されたと思いこむことによって恥を感じる。いずれの場合においても，恥は強力な強制力となる。ただしかし，恥

を感じるためには，実際にその場に他人がいあわせるか，あるいは少なくとも，いあわせると思いこむことが必要である。」そして，この考えのもとに，西洋社会を，道徳の絶対的基準を教え込み人々の良心の発現に頼る「罪の文化」の社会と規定し，日本社会を，善行に関して外面的な制裁に頼る「恥の文化」の社会だと規定した。

　この規定に対して日本人から激しい批判が続出したのであるが，これに関するベネディクトの『菊と刀』における記述をもう少し詳しく読むと，柔軟な解釈もされている。つまり，罪の文化であるアメリカにおいて何かへまなことをしでかした時に恥辱感にさいなまれることや，逆に恥が主要な強制力となっている文化において，当然誰でも罪を犯したと感じるだろうと思うような行為を行った場合には煩悶することが指摘されているのである[10]。そうした点では両文化で必ずしも一律的ではないことがすでに考慮されている。

　しかし，ベネディクトの規定に反応した日本の批判者は，そうした細部にはかかわらず，ベネディクトの大筋の主張にもっぱら反論している。ここでは日本人がどのような特徴を有しているかということではなく，罪と恥の性質にかかわる点について考察を進める。

　井上忠司は，ベネディクトの主張に対し，恥は「外面的制裁」(external sanction)であり，罪は「内面的制裁」(internal sanction)であるということが適切か，と疑問を提起している[11]。主要な争点はこのことに関してである。

　罪については，B.ラッセルの主張を参考にして，森口謙二が次のような考察をしている[12]。ラッセルによると，「罪の文化圏」の人によってあじわわれる良心の呵責，すなわち「罪悪感」と呼ばれるものの中には，「他人に露見しないか」という「外からの制裁」への恐れである場合もごく一般的であるという。ラッセルは，「罪の文化圏」の人々が罪悪感とか良心の呵責と呼ぶものには，第1に「罪への恐怖に基づく無意識的な罪悪感」，第2に「露見や罰への恐怖としての意識的な罪悪感」，第3に「罪への恐怖とは独立した意識的な罪悪感」の3種があることを指摘する。これらの3種の罪悪感の中で，第1は自覚的でないということで，第2は真の内的制裁ではなく，他者という「外からの」制

裁つまり強制力への顧慮に基づいて善行を強いるということで，いずれもベネディクトの主張する罪の枠には入らないと森口は指摘している。このように，罪は必ずしも内面的制裁であるとは言い切れない。

　恥が外面的制裁であるということについても疑問が出ている。このことは，ベネディクトの主張として上に引用した，恥を感じるには他人が「いあわせると思いこむことが必要である」ということを拡大解釈することによって，より内面的な制裁に近づいていくと考えることができるためである。つまり，他者が見ているのではないかという思いこみを，こちらから見えなくとも神や仏のように判断力のある人がより高い所から常時見ていると思い込むことにより，より普遍化していくのだと言えよう。そのように思い込むことが強いほど，「恥を知る人」は自己自身で自分をコントロールするのである[13]。

　このように，他者の評価反応に依存するかどうか，他者と独立に自己の内で判定しているかどうかということでは，罪と罰の両方にそれぞれ認められる。結局のところ異なる点は，森口によれば罪は善─悪に関して，恥は優─劣に関して「現実的自我による自尊心の裏切りである点で異なる[14]」という[15]。

　さらに，彼によると「社会における善悪は，道徳的な優者・劣者を分かつ優劣基準に含まれる側面をもち，逆に多くの社会的優者としての能力は，社会的貢献能力としての善として評価される一面がある。[16]」こうした交錯する例はほかにも考えられる。学歴社会においては，個人の学習した成績が点数化され序列化される。そしてそれをもとに進学指導が行われ，学習成績が低い場合，つまり優─劣性の尺度でみて劣位に位置する場合，何か悪いことでもしているかのように扱われる。進学校では劣等生は落ちこぼれとして悪者扱いされる。すなわち，罪の意識としての罪悪感を生じさせる。別の例をあげると，犯罪を犯した者は，そのことにより自己を普通の人間よりも劣れる者として恥じ入るが，この場合罪意識をいだかせる自己の状態が一般的にみて劣等であるとして，世間に恥ずかしいというような恥意識を産み出しているのである。

　このように罪と恥の意識は，一方を持つことによって他方の意識を生ぜしめることが多い。森口は，これら2つがしばしば「相互交換可能な概念」として

も使用されてきたことを指摘している。[17]自己のよくない行為に対して嫌悪した時、罪悪感によるのか、恥じ入っているのか、本人にも分別できないことがあるだろう。

2）作田啓一の分析

しかしこのことから、現実であれ想像であれ、他者が注視するということの重要性がなくなってしまうわけではない。ベネディクトの主張から喚起された罪と恥をめぐっての問題より、この注視を中心とする恥に関する考察が作田啓一によって進められた。以下、彼の議論を参照しながら、注視やまなざしが対人関係に大きく作用していると考えられる、集団内での適用を考えてみたい。

作田によると、ベネディクトは公開の場の嘲りに対する反応にこだわりすぎたと批判する。そして次のように言う。「われわれが他人の賞賛の的となっている場合、その他人の注視（現実の、あるいは想像上の）にたいしてしばしば経験するいたたまらない感じは、恥の反応ではないのだろうか。われわれが恥を感ずるのは他人の拒否に出あった場合だけではない。拒否であろうと受容であろうと、われわれは他人の一種特別の注視のもとにおかれた時に恥じる。」ここから、公開の場であざけられたり、拒否されたりすることで恥じる場合を「公恥（public shame）」とし、ほかに賞賛される恥やその他の多様な現象形態にも適用されうる恥も存在すると主張する。このうち、所属集団の規準からみて、特に軽蔑に値しない行為に関して、ひとり羞恥の念に苦しめられる場合を、私恥としている。[18]

さらに次のように言う。「恥は現実の、あるいは想像上の他者の注視のもとで経験される。だがすべての注視が恥の反応を引き起こすわけではない。われわれを恥じさせるのは、一種特別の注視である。人間は普遍的な存在としてもカテゴライズされ得るし、個別的な存在としてもカテゴライズされ得る。あなたが普遍的な存在として見られることを期待している時、他人がそのような存在としてのあなたを注視しても、羞恥はおこらない（モデルあるいは患者の場合）。他方、あなたが個体として見られることを期待している時、その期待に

そった注視が向けられる際も同様である（恋人同士の場合）。羞恥が生じるのは，普遍者として取扱われるはずの状況のもとで，個体として注視されたり，個体として取扱われるはずの状況のもとで，普遍者として注視を受ける時だ。たとえば患者であるはずのあなたが個体としてながめられたり，個体的な命にかかわる生の体験を恋愛の一ケースとして観察されたりしたら，あなたはきっと恥ずかしい思いをするだろう。つまり，普遍化と個体化という二つの志向が，自己と他者とのあいだでくい違う時，羞恥が生じるのである。」[19]

　作田はこの普遍化と個体化の志向のくい違いという発想を，マックス・シェーラーから得ているという。シェーラーによると，あらゆる羞恥のの中には「自己へのかえりみ」といった作用が見いだされ，このことが生じるのは感知される他人の志向が個体化的意図と一般化的意図との間で動揺する場合であり，自分の志向と体験された相手の志向とがこの相違に関して同一方向ではなく反対方向をとる場合であるという。[20]

　作田はこれに社会的要素を取り入れて，「所属集団」と「準拠集団」の視点より説明する。すなわち，行為主体が所属集団のメンバーとして自足していない時に，まさにそのような自足的存在として眺めるかもしれない準拠集団の目を意識した時羞恥が生じ，逆に，準拠集団の平等の一員として見られたい時に，そうは見ない所属集団の目を意識した時にも，羞恥が生じるという。この場合の準拠集団とは，人が一定の態度や行動をとる時によりどころとする集団のことで，集団の規範に同調しようとする場合に働く規範的機能と，他者と比較する場合に働く比較的機能とがあり，主に後者の機能によって志向のくい違いを発生させることになる。ここでの準拠集団は普遍化の志向にかかわっており，それは理想や願望を具現化した際の社会的集合態を示しているのだと理解してよいであろう。

　こうした作田の主張をふまえつつ，井上は，私恥と羞恥を区別し次のように整理している。[21] 公恥とは，行為主体の「自我理想」に基づく「比較機能」によって，自己を「所属集団」の内部における「劣位者」として認知し，他者の「まなざし」を介して，「所属集団」から孤立している自己を見いだしたとき

に覚える「恥」の意識である。私恥とは，本人の「自我理想」によって，「かくありたい自己」（理想的自己）と比べて，「である自己」（現実的自己）が「劣位者」であると認知されたとき，自己をあたかも他者が見つめるかのごとくに見つめることにより，ひとりひそかに覚える「恥」の意識である。羞恥とは，「所属集団」と「準拠集団」との間に認知志向のズレが生じ，他者の「まなざし」を介して，それが意識化されたときに覚える「は（羞）じらい」の意識であり，「劣位者」として認知されるはずのない場合においても生じる。

このように整理してみると，三者のうち，羞恥がもっとも直接的感情に根ざした自然な表出行為だといえよう。その際，他者のまなざしないしはその想定をきっかけとした，シェーラーが指摘する「自己へのかえりみ」[22]によって，自己に対する志向性のくい違いが生じているのだと考えられる。そこで，他者の志向性や集団内の規範的志向性と自分の志向性が一致しないとまどいの感情を羞恥感情と呼びたい。それは，後述するように，必ずしも「所属集団」と「準拠集団」との認知方向のズレだけではなく，所属集団間でのズレの場合も含められる。

3 羞恥感情と状況適合性ルール

1） 準拠集団と所属集団との志向性のくい違い

以上がベネディクトの罪と恥についての規定を発端として，その後発展的に展開された恥に関する議論を中心にまとめたものである。これらの主張を生かしつつ，集団内における規範と羞恥感情の関係についての考察を試みることにしよう。

準拠集団と所属集団との志向性のくい違いについて，内沼幸雄は次のように言う。「私恥にのみ志向のくい違いが生じやすいと言えるものではあるまい。というのは，所属集団といっても家族，市町村，県，国，あるいは出身校，会社などのいろいろな次元で捉えうることを考えると，さまざまな背景をもつ人

間が集まる一つの所属集団の内部においても，おのずと志向のくい違いがはたらいてくるはずだからである。公恥と私恥を区別するものは，志向のくい違いというよりはむしろ，行為主体が何をおのれの所属集団とみるか，それとも準拠集団とみるか，そしてそのうちのどの集団の規範をおのれの思考や行動の基準にするかによるというべきであろう。」[23] 現代社会においては，ひとりの人間がいくつもの集団に所属しており，また個人の内面にいだかれた準拠集団も必ずしもはっきりとした像を持たない場合が多いので，「所属集団」と「準拠集団」との間の認知志向のくい違いを根拠にしてみても，該当する場合が少ないように思われる。

2） 二重化した規範の志向の食い違い

このことに関し，具体的な羞恥の例として，副田義也は家族といっしょに外出していて友人にあった折に感じる恥じらいの意識をあげている[24]。この場合，家族が所属集団であり，友人が（1人であっても）準拠集団ということになる。しかしながらこれは，突然現れた異なる所属集団のメンバーとの遭遇において，今自分が慣れ親しんでいる集団への所属志向と，異なる仲間集団への志向とが二重になり引き裂かれる思いにとらわれて，羞恥感情が生じたのではないか。つまり，他者は別の所属集団の視点から自分を見て，そこでの行為規準から判断しているという意識によって，現在の自分はそれとは大きく隔たっているので恥ずかしい思いをしたのだと考えられる[25]。その意味で必ずしも準拠集団である必要はない。どちらも所属集団であってよいということになるだろう。

普遍化と個体化という志向のくい違いは，恋人同士の場合や医者と患者の場合のような例では，非常に説得力を持っているように思われる。しかしながら，副田は普遍化と個体化という2つの志向がくい違うことで，羞恥のすべてが説明できるかどうか疑問を呈している[26]。確かに，普遍化と個体化とでくい違う場合が典型例であるが，これだけにとどまらず，基本的には2つの志向のくい違いが羞恥を引き起こすのではないだろうか。前述の例である，家族といっしょに外出していて友人と会った時感じるはずかしさの場合，家族内で慣れ親

しんだ認知志向と友人間で形成された認知志向との個別的な志向のくい違いにより，羞恥感情が生じるのだと考えられる。総じて，「個別化」と「普遍化」とのくい違いによる恥じらいとは，かなり限定された場合であるように思われる。

志向そのものは，ある集団の規範に同調することで，つまり国や民族の規範に同調することや集団状況に同一化することで発生してくる。その時の志向には，個体化と普遍化の中間的なものもあるだろう。だとすれば，普遍化と個体化の食い違いからの拡張として，二重化した規範の志向のくい違いという視点を考えてみることができる。1つの所属集団の中でも，同調しようとする規範をその都度使い分けないといけない場合もある。本稿で問題としているフォーマルルールと状況適合性ルールが絡み合っているような時がそうである。

3） 羞恥感情の発生

ここで，状況適合性ルールとフォーマルルールとのずれによる羞恥感情について考えてみよう。職場や教室では，集団状況が変化していく過程において，自然発生的に状況適合性ルールが形成されていくが，前述したようにその時業績や評価の均等化に関することが定着していけば，ひとりだけ突出することは避けるべきだということになる。

しかし，監督者や担任の先生がみんなの前でほめた時には，単に大勢の前で注目されたというはずかしさだけでなく，メンバーの間でのみ成り立っている状況適合性ルールに反する状態にあるのだという羞恥感情が生じるであろう。つまり，期せずして自分の置かれた立場というものがフォーマルルールに従うような状態となってしまい，他のメンバーからは異なる規準のもとに見られていることを感じて，志向性のくい違いが生じたのである。

ところで，作田によれば，恥は一方で達成の動機づけを促すが，他方で達成の原理に伴う競争意欲を抑制する作用をもつという。「競争の過程においては，当然自己があらわとなってくるが，この自己顕示は羞恥によって限界を画されるからである。この限界から突き出た自己の部分は，本人にとってだけ

ではなく，他者にとっても羞恥の対象となる[27]。」このため，マイナスの効果として，羞恥の共同体が個人の創意や自発性の表現を押さえつけることがあるという[28]。

　羞恥感情が発生する枠組みはいくつか考えられるが，1つの要因として，優秀な成績をとるということが集団の前で呈示されることによってひとりだけ注目されてしまい，普段に抱いている控えめで集団協調的な志向と，賞賛を浴びて目立つという自己顕示志向とがくい違っているために，羞恥感情が生じる。

　別の要因としては，前述したように業績や評価の均等化が状況適合性ルールとして発生しやすいために，そうしたルールと自己のおかれた状況とのくい違いが生じる場合である。いずれにせよ，羞恥感情の起こることを敏感に予期する者は，個性の表出や意見の表明を避けるように行動するようになるだろう。また，他者の行動に対しても同じ視点で観察するようになるだろう。

　さらに，集団状況内役割の分化が進んで集団状況への同一化が強くなると，集団状況の一体感を乱す者には，状況適合性ルールからの逸脱というニュアンスが入ってきて，志向のくい違いによる羞恥感情だけでなく，罪悪感に近い感情がメンバーにより感じられるようになってくる。こうした羞恥感情や罪悪感を自己に向けると，自己嫌悪感やメンバーとしての不適合意識が強くなり，不登校など集団がいる一定の場所への不参入が生じる。他者に向けられると，感覚的な排除意識や制裁意識が強まり，いじめへとつながっていく。

4） メンバー間のまなざしの強化

　所属集団が第一次的集団性をきわめて強く持っている時，つまり個人への拘束力を強く持っている時には，状況適合性ルールによるまなざしの強化が生じる。そこでは，状況志向が促進され，外見に対する関心が強くなり，絶えず自己の動作や外見が他者に与える効果を配慮して，集団状況内で固有の印象操作的行為をとることが必要となってくる。すると，メンバー間のまなざしの強化により，羞恥感情の発生する機会が増加する。つまり，ほんのわずかの微妙な動作の仕方，しゃべり方，感情表現などにより，規範的志向性のくい違いが生

じてしまうのである。

　ここから生まれる感情はささいなものであるが，集団内の規範形成や他者評価の状態が密であるだけに，いじめや不登校に向けて大きく作用することになる。

1) E.ゴフマン（丸木恵祐・本名信行訳）『集まりの構造―新しい日常行動論を求めて』，誠信書房，1980年（原著1963年），20頁。
2) 本書第7章第2節参照。また，竹川郁雄『いじめと不登校の社会学―集団状況と同一化意識』，法律文化社，1993年，139-140頁。
3) E.ゴフマン，前掲書，13頁。
4) G.C.ホーマンズ（馬場早男，早川浩一訳）『ヒューマン・グループ』，誠信書房，1959年（原著1950年），68-69頁。
5) 稲上毅『労働関係の社会学』，東京大学出版会，1981年，277-349頁。
6) G.C.ホーマンズ，前掲書，76-77頁。
7) 千石保『「まじめ」の崩壊―平成日本の若者たち』，サイマル出版会，1991年，15-33頁。
8) 平川茂は，状況をそれ自体の権利において取り扱おうとする「状況アプローチ」を提起し，状況というものが単に全体としての社会の一部に過ぎないのではなく，それ自体が1つの完結した世界であるという。平川茂「『外見』の社会学―E.ゴフマンの『状況的アプローチ』をめぐって」，『ソシオロジ』，第28巻第2号，1983年，13頁。
9) ルース・ベネディクト（長谷川松治訳）『菊と刀』，社会思想社，1967年（原著1946年），258頁。
10) R.ベネディクト，同書，257頁。
11) 井上忠司『「世間体」の構造―社会心理史への試み』，日本放送出版協会，1977年，121頁。
12) 森口兼二『自尊心の構造』，松籟社，1993年，100-102頁。
13) 作田啓一『価値の社会学』，岩波書店，1972年，295頁。
14) 森口，前掲書，108頁。
15) 副田義也によれば，ベネディクトによる罪の文化と恥の文化の対照は，厳密に言えば比較し得ないものを比較しているのだという。つまり罪の文化は宗教規範の体系であり，恥の文化は対人規範あるいは社交規範であるという。それぞれの本来的な性格を無視して比較しているのだと指摘している。副田義也『日本文化試論―ベネディクト『菊と刀』を読む』，新曜社，1993年，289頁。
16) 森口，前掲書，104頁。
17) 森口，同書。
18) 作田啓一『恥の文化再考』，筑摩書房，1967年，10-12頁。
19) 作田，同書，10-11頁。また，作田，前掲書，1972年，299-300頁。

20) M. シェーラー（浜田義文訳）「羞恥と羞恥心」飯島宗享・小倉志祥・吉沢伝三郎編『シェーラー著作集 15』, 白水社, 1978 年（原書 1933 年), 30-33 頁。
21) 井上, 前掲書, 140 頁。
22) 向坂寛は,「自恥」を「永遠的なもの（＝真・善・美）からの距離意識に由来する恐怖である」と規定し, この自恥が恥を生むもっとも根元的感情であり, 根元的であるだけに, それは公恥に点火したり, 慎みや罪の感情に点火する幅の広さを持っていると書いている。向坂寛『恥の構造—日本文化の深層』講談社, 1982 年, 32 頁。彼が主張する自恥は, 哲学書の記述より抽出されたもので, 恥が高度に内面化された際の究極的な側面を説明している。彼は, 日本人にとって「所属集団」や「場」が「永遠的なもの」と重なり合う傾向があり,「場」の意見や所属集団の意見から距離を感じると, それが恥の意識を惹き起こすことを指摘して（同書, 51 頁), 恥を「場からはずれることに由来する恐怖」とも規定している（同書, 86 頁)。このことは, 恥の現象的側面の規定であり, 本書ではこの点について問題にしている。
23) 内沼幸雄『羞恥の構造—対人恐怖の精神病理』, 紀伊国屋書店, 1983 年, 112 頁。
24) 副田, 前掲書, 1993 年, 281 頁。
25) 井上忠司はこの同じ例に対して,「他者の一種特別の注視が, 直接, 間接に介入することによって, そのバランスが突如としてくずれたとき, 私たちは「はじらう」のである」と言っている（井上, 前掲書, 135 頁）。このように言いつつも, 彼は「所属集団」と「準拠集団」との志向性のズレですべての羞恥を説明しようとしている。
26) 副田, 前掲書, 287 頁。
27) 作田, 前掲書, 『恥の文化再考』, 24 頁。
28) ここではマイナスの効果を問題にしているが, 作田啓一はプラスの効果, すなわち羞恥の共同態が, 達成本意によって結びついた徒党が持ちやすい集団エゴイズムに対決するところの, 1 つの拠点となってきたことを論じている。作田, 前掲書『恥の文化再考』, 25 頁。また『価値の社会学』, 329 頁。

第9章　自己愛と集団——準拠集団の視点から——

はじめに

　人々の行為と社会との多様な関わりを考察する分析概念として，準拠集団の概念がある。準拠集団とは，自分の態度や判断の形成と変容に影響を受ける集団である。個人がどの集団を準拠集団としているか，それによってその人の社会的行為は独自の軌跡を描くであろう。もちろんそれによってすべての人間行動が説明できるわけではないが，さまざまな社会的行為の指向性や人間関係の結合の仕方に関わっているために，準拠集団概念を導入することにより，社会的に重要な意味を持つ事象を考察対象とすることが可能になるであろう。

　準拠集団の概念は，マートン，ハイマン，シェリフ，ニューカムなどの研究者によって重要な分析概念として定式化され，多くの応用的研究が展開されてきたのは周知の通りである。本章では，マートンの準拠集団論に依拠しつつ，準拠集団の概念とその応用について検討を行い，現代人のアイデンティティの形成において重要な要素を構成すると考えられる誇大自己の視点を取り入れて考察する。誇大自己は，コフートによる「自己心理学」の中で提起された概念であるが，社会的行為の指向性や動機づけに関わるものとして注目し，準拠集団および所属集団との関連性について考えてみたい。

　その後，誇大自己が生活に有為に働いている部分が縮小すると，いじめの加害被害にどのように影響するのか考えてみたい。

1 準拠集団と所属集団

1） マートンの準拠集団論

　マートンは，『社会理論と社会構造』の中で準拠集団について詳細な議論をしているが，彼によると準拠集団論の中心的問題は，どのような条件によって，どのような所属集団あるいは非所属集団が自分の評価や態度形成の準拠枠となるのかという問題であるという[1]。準拠集団理論の独自な焦点は，人が自分の行動や評価を形成するに当たって，自分の集団以外の集団にしばしば指向することであり，この非所属集団への指向の事実を中心とする問題が，準拠集団理論の顕著な関心事になっていると指摘している[2]。

　そのような例として彼自身が論じているのは，活躍しようと張り切っている新兵や昇進に不満を持つ航空隊員などである。そして詳しく論じられてはいないが，移民でありながら母国の集団の価値を身につけている者，中の下階級に属しながら中の上階級の行動型式だと信ずる者に同調しようとする者，スラム地域に住みながら街頭ギャングの価値でなくセツルメント・ハウスに働く人の価値に指向している少年，両親の保守的な信念を捨てて大学の学友と同じようにもっとリベラルな観念を抱こうとしているベニントン女子大学生，下層階級のカトリックでありながら共和党に票を投ずる人，18世紀のフランス貴族でありながら当時の革命集団に身を投じた人などがあげられている[3]。

　こうした人々の行動の説明は，準拠集団を分析概念として使用することによってより適合的に説明が可能になる。マートンは，具体的なデータを考察する中で表面に現れた反応の差異が，準拠集団行動論から理論的に引き出されるならば，応用社会調査に対して理論がなし得る主要な貢献の1つであると述べている[4]。

　このように，準拠集団の設定は，人間行動の分析のために有効であると考えられるが，それをさらに理論として厳密化しようとなると容易ではない。これ

はマートンも痛感しており,「準拠集団の概念にはまったく種類の違った社会継承,つまり所属集団,非所属集団,集合体,社会的部類等が未分化のままに含まれていることがわかる」と述べている[5]。

また,人々のいろいろな行動や価値を真似て自分の身につけようとする場合の「準拠的個人」が指摘され[6],個人に対しても適用できるし,しばしば混同されていることも述べられている。

これらの点に関して,船津衛は準拠集団概念の曖昧さとして,次の4つにまとめている。すなわち,①それが,集団を指すものか,また集合体,そしてカテゴリーさらには想像上のものを含むのかどうか,②準拠集団とは,準拠集団のみならず,準拠人も意味するのかどうか,③それはまた,社会集団そのものを指すのか,それともその規範,あるいはパースペクティブ,さらには単なる心理的構成物を指すのか,④また,準拠集団は態度形成にかかわる所属集団を指すのか,非所属集団を指すのか,それともその両方を指すのか,の4点である[7]。これらに対して,準拠集団概念を分析のための発見的概念として考えるならば,ある程度の弾力性を残しておいて,分析対象に応じて操作的に規定することでその都度議論の曖昧さを取り除き,個々の分析的有効性を生かすように考えた方がよいのであろう。

2) 作田啓一の恥と罪の議論

その点に関し,準拠集団概念の分析的有効性を示す作田啓一のすぐれた考察があるので,若干言及したい。作田は日本人の恥と罪の意識を考察するにあたって,準拠集団と所属集団の概念を導入して説明している。彼によると,恥は所属集団の中で劣位であると認知することによって起こる。つまり,同じ規準を遵守する仲間と向かい合って,自分が劣っていると意識することによって生じる。それに対して,罪は準拠集団から見て自分が逸脱していると意識される場合に生じる。このときの準拠集団は,行為主体と権威の点で著しい隔たりがあり,主体に対して行為規準を設定する存在の総称である[8]。

恥は他者に比べて優れているか劣っているかをはかる比較機能によって,罪

は同調しているか逸脱しているかをはかる規律機能によって測られるのだが，所属集団と準拠集団という規準設定者を導入することにより，それぞれ変化型が生じる。すなわち，集団を危機に陥れる裏切りやメンバーに対する直接の加害など所属集団から見て逸脱したと判断される罪の変化型と，行為主体が準拠集団である権威者に比べて自分の劣位を経験する恥の変化型である。恥の変化型は私恥と名づけられ，準拠集団から自分を劣位と見る者の意識であり，これは向上を動機づける自我理想があるために生じるのだという。個人の内面に自我理想を人々の集団の中に具体化する形で準拠集団が想定され，そこから自分を見た場合に感じる劣位意識が私恥である。

　たとえば富裕な学生であっても，彼が学生集団を準拠集団としていれば，彼の豊かさのゆえにその所属は完全ではなく，彼の豊かさは劣位を意味するために恥意識が生じる[9]。ここでの準拠集団は学生集団であるが，向上を動機づける自我理想によって構想された学生の集団であって，現実の学生集団そのものをそのまま指しているわけではないであろう。しかしこのような場合，向上を動機づける自我理想の現実的構想が，準拠集団として内面に抱かれていると考えることによって適切に説明できるのである。

　井上忠司は「世間体」の考察の中で，準拠集団としての「世間」に着目する時，「世間」に対する一定の構造が見えてくることを述べている[10]。準拠集団概念を発見的概念であるととらえて，分析のためにできるだけ広く扱えるようにしておく方がよいのではないかと思われる。

　その上で，船津が指摘する問題点の4番目にあがっていた準拠集団が態度形成にかかわる所属集団を指すのか，非所属集団を指すのか，それともその両方を指すのか，という問題について，誇大自己という観点を導入して考えてみることにする。

2　自己愛と誇大自己

1）　自己愛の病理的側面

　ここでの誇大自己の考え方のもとになっているのは，精神分析学において注目されている自己愛（narcissism）の議論である。自己愛というと一般的には，なみはずれた自分への愛着と，それに対応する他者への関心と感情の欠如であるとみなされている。それはギリシャ神話の1つから解釈されることが多い。岡野高明によれば，1889年にエリス（Ellis）が自体愛の男性症例を報告する際に引用して以来使用されるようになったという[11]。

　自己愛は，アメリカにおいては個人の病理の問題として，「自己愛人格障害」という名称でカテゴリー化されている。アメリカ精神医学会が作った自己愛人格障害の診断基準の項目には，①自分に関する誇大な感覚，②限りない空想，③自分が特別だと信じていること，④過剰な賞賛を求めること，⑤特権意識，⑥相手の不当な利用，⑦共感の欠如，⑧他人の嫉妬，⑨尊大で傲慢な行動があげられ，このうち5つ以上該当すると，病理状態であるという[12]。これらの項目は，普通に生活している人間においても少しは持ち合わせているものであり，病理状態であるかどうかは程度の問題ということになるであろう[13]。

　自己愛のイメージが社会の影響を受けて増幅するという問題は，現代社会におけるナルシシズムの問題として議論されている。佐伯啓思によると[14]，人は外の世界に対する関心を失って「外」にほしいものがなくなった時，内なる自分自身に欲望を向け，「本当の自分」を見つけるべく，「自分自身のためのファッション」とか「自分自身のための車」といった発想で，自分自身を愛撫する「ナルシシズム消費」を行うのだという。それは，本当の自分などというものはどこにもないので，いつまでも続く「私探しのゲーム」になると論じている。

　関心が自分自身に向けられることで，自分に対するイメージがかき立てられ，自己愛の満たされない部分を虚偽的に満たそうとして，自分の周辺をイメージ

第9章　自己愛と集団　169

よく装飾しようとして消費行動にはしるのである。このように，物質的なもので覆われることで，自己愛の要求を満たしたような気分に浸る解消法があり，それがいきすぎると自己破産や物への過度のとらわれによる嗜癖状態など，逸脱的状態に陥ることとなる。流行現象や氾濫する商品のコマーシャルによって，今日の人々は欲望を必要以上にかき立てられ，その過程で「自分自身」に関心が向けられ，自己愛が刺激されて自己イメージがあまりに肥大化し，社会生活にバランスを逸した状態に至るのである。

また，C.ラッシュは，現代をナルシシズムの時代ととらえ，ナルシシストは自分が全能だという幻想にとらわれているくせに，自分の自尊心を確認するのにも他に頼らなければならない弱さを論じている[15]。

2） 健全な自己愛

自己愛はこのように病理的状態に至る否定的側面について論じられることが多かったが，コフートが健全な自己愛とでもいうべき側面について論じたことから，各人のライフコースにおける自己愛の肯定的積極的な意味が考慮されるようになってきた。本章では，自己愛のこの面に注目する。

小此木敬吾は自己愛の肯定的側面について詳しく述べている。まず，自己恋着としての自己愛つまり自分への惚れ込みがある。彼によると，自己愛のもっとも基本的な意味はセルフ・ラブ，つまり自分が自分を愛するということであるという。この自分が自分に惚れ込む意味での自己恋着は，必ずしも極端に異常なものではなく，たとえば，思春期のある時期に，自分の体を過度に気に入ってそれをいつも眺めて楽しむというような体験を通過する人は多いのではないかと小此木は述べている。また，男性・女性いずれにも，鏡に映る自分の容姿を自分の気にいるように作りあげ，自己満足するおしゃれの心理は，ごく一般的なこととみなされている。それがすすむと，ボディビルで体を鍛えて筋骨隆々な自分の体を自慢したりすることになる[16]。このようにまず，自分がまったく自然に自分を気に入る，愛するということがあげられる。

次に，自分は特別だという全能感を強く持っていて望むことは何でも実現す

るという思いがあげられる。これは、乳幼児期の自己愛幻想がもとになっている。小此木によると、子どもの時にごっこ遊びにふけって「僕はライオンだ」と空想して、ウォーウォーと威張る坊やは、その瞬間には自分が小さな無力な子どもでいる現実を否認しているのだという[17]。成長するにつれて、非現実的な能力への限界の意識は身についていくが、それでも自分の才能を信じて、演劇や歌のオーディションに何度も挑戦したり、合格が困難だとされる試験に何度も受験するなどの行為は、「自分だけは特別だ」という自己本意的な全能感を持っていて、能力や才能がどこまでも無限に備わっているという思い、つまり自分の才能への全能感があるからこそ行えるのである。

全能感は、運の強さ、偶然性のよさにおいて自分は特別であるという思いを生む。そこから、自分に関わる出来事はすべてうまくいくに違いないという楽天的発想が生まれる。小此木によれば、オートバイをアベックでのりまわす若者を見るとよくこわくないなあと思うけれども、「絶対に俺だけは事故に遭わない」とか「俺だけは死なない」という全能感を若者は強く抱いており、健康な自己愛が楽天的な甘さによって、バリアーの役割を果たして日常生活をおだやかに楽しく暮らすことができるようにしているのだという[18]。これは、運の強さ、偶然性のよさにおいて自分は特別であるという思い、つまり偶然性への楽天視が生活に必要な活性化装置として働いていることを示している。

さらに、盲目的な自己愛は、自分とつながりのあるものは無条件にすばらしいとみなす思いを抱かせ、自分はすばらしい土地に生まれ、出会う人はすばらしい人ばかりであるといった思いを強く想起させる。小此木によれば、自分の人生、自分の暮らす世界など、自分に関係のあるすべてをよいものだと、惚れ込んでいるからこそ、悪い人間も多くいるし、こわくて恐ろしいことも次々に起こっているこの世の中を、私たちは楽しく安心して暮らしていくことができるのだという。このことから、自己愛幻想は、生活の安全装置であり、防壁でもあるのだと述べている[19]。

確かに、人との出会いや生まれた土地や入学した学校を肯定的に受け入れられないならば、日々の生活を積極的に生きることはできず、やがては精神的な

病理状態に陥るか，不満解消のための逸脱的行動をとるか，別の出会いを求めざるをえないであろう。小此木によれば，自分の人生に対して，自分にとってそれが特別なものだと思うのは，べつに非日常的な場合だけとは限らず，自分の行く学校にしても，友人についても，職場についても，少なくとも自分にかかわるものだから悪いはずがないという気持ちが生まれるからだという。そして，これを拡張していくと，郷土愛とか，愛校心，あるいは愛国心ということとも結びついてくるという。[20] この小此木の指摘は，準拠集団と所属集団の同一化に向けて自己愛が大きく作用していることを示唆している。

3） 誇大自己の有為イメージ

自己愛は何よりも，自分への無条件的な惚れ込みのことを意味しているが，それによって生じる肥大化した自己イメージのことを誇大自己と呼ぶ。従って，自己愛によって誇大自己が形成され，その性質は上述した自己愛の状態から発生する。

この誇大自己の概念は，コフートの「自己心理学」の議論の中で重要な意味を持つ概念として提起されており，彼は次のように述べている。「自己が現実には不完全で限界を持つことを徐々に認識していくこと，つまり，誇大な空想の範囲と力が徐々に減少することは，一般にパーソナリティの自己愛的区域における精神健康のための前提条件である。しかし，この原則には例外がある。妄想的主張を伴った終始活発な誇大自己は，平均的な資質の自我であれば，その能力を強く障害するだろう。ところが才能豊かな人の自我は，持続する，ほとんど修正を受けない誇大自己の呈する誇大な空想の要求によって，その能力を最大限利用するよう迫られ，そして実際に際だった業績をあげるかもしれない。チャーチルはそのような人であった可能性がある。…（中略）… ゲーテはもう一つの例となろう。」[21]

彼によれば，精神的健康のためには自己愛による誇大な空想の範囲と力は徐々に減少しなければならない。子どもから大人へと成長する時に，多くの人々は幾多の挫折と辛苦を経験することにより，誇大自己に向かうエネルギー

をコントロールするようになり，等身大の自己イメージができていく。それは自己愛の延長によって加熱された野心や将来展望が冷却されていく過程でもある。

　そうした一般の人間と異なり，チャーチルやゲーテなど，才能豊かな人は，誇大自己の過大な空想が原動力となって，大きな業績をあげたことが語られている。これより，自己イメージが肥大化することは必ずしも病理的とは言えず，社会で活動する際に有効に作用する場合があることを示している。特に傑出した歴史に名を残す人だけでなく，現代社会の中でかなりの業績をあげている人の中にも，肥大化した自己イメージが原動力となっている場合は十分に考えられる。また，現代社会で夢を持って生き抜くには誇大自己に頼らなければいけないこともあることを香山リカは指摘している。[22] 自己愛より生ずる誇大自己のうち，病理には至らない適度な部分は，現代社会を生きる人々にとって有効だと考えられる。

　前述の小此木の自己愛論は，コフートの主張を取り入れて自己愛の議論を展開していたのであり，従って誇大自己の概念化についても十分参考になる。誇大自己とは特に自己イメージに対する誇大な空想の部分を指しており，そのことが行為の動機づけや指向性にどのように影響を与えるかがここでの問題である。

　自己愛のところで言及した自己恋着は自分への無条件的な惚れ込みであり，それは他の性質が発生する源となっている。それは，前述したようにどちらかと言えば病理的にとらえられることの多い面を持っているのだが，社会を生きていくために有効な活力源を構成する部分もある。それを「誇大自己の有為イメージ」と名づけよう。

　誇大自己の有為イメージの特徴として，自己愛のところで述べたことを参考に考えてみると，①自分の才能への全幅的信頼，②自分に起こる偶然的なことがらへの楽観視，③自分とつながりのあるものへの無条件的愛着の3つをあげることができる。以下，それらについて述べておくことにする。[23]

第9章　自己愛と集団　173

1 「自分には才能がある」＝自分の才能への全幅的信頼

　第1に，自分の才能への全幅的信頼がある。誰でも生きている限り，自分の才能や能力が大きな可能性を秘めているのではないかという思いを持って生きているであろう。自分の才能へのうぬぼれや社会的野心は，多かれ少なかれ誰もが持っていると考えられる。それが可能性の域を超えて過大な信念にまで至ると，妄想的な誇大自己となる。

　そうした，自分の才能への全幅的な信頼がもとになって，芸術やスポーツの世界でオーディションを受けたりプロ選手としてチャレンジするなど，自分が選出される可能性が低いにも関わらず，成功を求めてさまざまな活動に挑戦したりするのである。

2 「自分はラッキーだ」＝自分に起こる偶然的なことがらへの楽観視

　第2に，自分に起こる偶然的なことがらへの楽観視がある。運のよさや出会いのすばらしさに関して自分は特別だという思いである。何か危険なことがあっても自分は運よくそれを逃れることができるだろう，あるいは宝くじや賞に当たる確率が高いはずだといった思いである。

　冷静に見ればそのようなことは保証されないのだが，自分だけは特別だと考えてしまうわけである。そうした自分だけは特別でうまくいくだろうという思いは，これからの生活への楽観的展望を抱かせることになり，多くの困難な局面に遭遇するかもしれない人生において，生きていくために必要な活力を生み出している。

3 「自分のふる里や家族はすばらしい」＝自分とつながりのあるものへの無条件的愛着

　第3に，自分とつながりのあるものへの無条件的愛着がある。自己恋着が根底にあって，さらに惚れ込む対象が，自分の出身，家族，故郷，人との出会い，これから参加する集団など，自分とつながりのあるものにまで及んでいく。自分への愛着が，自分だけにとどまらずに，自分とつながりのあるものにまで拡

大され，誇大自己の延長として強く同一化され，自分の一部であるかのように愛しまれる。

　従って，ここでいうのは他者を愛することにつながる対象愛のことではなく，あくまで自分とつながりがあることによって生じるのである。郷土愛や民族愛は，その土地や人々が優れたものでなくても，自分とつながりがあるというそのことによって，愛着の対象となるのである。

3　準拠集団と誇大自己

1）　誇大自己と準拠集団および所属集団との関係

　ここで，誇大自己と準拠集団および所属集団との関係について考えてみよう。自己愛によって生じる誇大自己の状態は，準拠集団や所属集団の関連する人間行動をすべて動機づけているわけではない。しかし前述したように，非所属集団に対して準拠集団の構想が働く場合には，何らかの向上や改善を動機づける自我理想が作用していると考えられる。今いる所属集団に満足できないか，より魅力的な集団を知ってより望ましいと考える集団所属を構想し，そのようなありたい状態への移行を希望するのだが，その背後には自分の才能や能力への自信や期待があると考えられる。

　これは個体としての自分に対して強い愛着があるからで，誇大自己の第1の特徴としてあげた才能への全幅的信頼とみなせるだろう。ここでいう誇大自己の状態はかなり幅があり，必ずしも病理的な状態ばかりでなく，無理が生じない程度の過大な自己イメージとそれに伴う才能への全幅的な信頼が働いている状態である。

　これに対して，所属集団そのものが準拠集団となる場合，誇大自己の第2，第3の特徴である出会いのすばらしさや，運命的な自分とのつながりの無条件的な愛着が強く働いていると考えられる。このときは，非所属集団の準拠集団化と異なり，もうすでに自分が所属している集団に対して強い愛着があるため

にそうなるのである。誇大自己の延長として，自分とつながりのあるものへの無条件的肯定あるいは愛着があるからこそ，所属集団を準拠集団とすることができるのである。

　広く社会の集団帰属行動を見てみると，所属集団への強い同一化行動が，非所属集団の準拠集団化による行動よりも多いとみられる。前述したように，非所属集団を準拠集団とする場合に準拠集団論が有効だとみなされているのだが，所属集団への強い同一化による場合もそれに劣らず重要である。自己愛に発する誇大自己の延長として，自分の所属する集団に強い愛着を感じ，よいも悪いもすべてを引き受けて集団に一体化し，その運営や問題解決に没頭していく，そうした人間行動の方がむしろ自然であるだろう。確かに準拠集団論のテーマにはなりにくいのであるが，集団への同一化の問題として重要であると考えられる。

2）所属集団を準拠集団とする場合

　次に掲げるのは，所属集団を準拠集団とする場合である。ここでは集団を拡張して，集合体への同一化の場合も含めている。それぞれ所属する集団・集合体を準拠集団として意識すると，愛校心や民族愛のように集団・集合体への愛着の状態が発生する。たいていの人にとって所属する集団は多くの数になるであろうが，その中で愛着心が特に強く，そして集団解体の危機や社会的差別など重大な関心を引き起こす集団が準拠集団としてとらえられ，その人の活動の中心を占めるようになるのである。

　多くの運動や紛争は，それぞれの当事者が自分たちの集団・集合体に強い愛着を持っているがゆえに，対立する集団・集合体に対して譲歩できないのである。そこには，現実的な成員への連帯意識だけでなく，誇大自己の延長として自分と結びついているものへの無条件的愛着が働いているだろう。自分が生まれつきあるいは縁あって所属している集団は，必ずしも満足できる理想的なものではない。にもかかわらずその集団の成員として，集団の維持ないしは発展を引き受けていこうとするのは，無条件的な惚れ込みがなければ維持されない

図表9-1　所属集団を準拠集団とする場合

集団・集合体	同一化の作用	運動，紛争など
家族	家族愛	
親族	イエ（家系）の存続	
仲間集団	趣味や同じ楽しみの共有	
学校，同窓会	愛校心，同期意識，	
近隣，地域	同郷意識，	住民運動
同業仲間	クラフトマンシップ	職能別組合活動
会社	愛社精神	
民族	民族愛	マイノリティ問題
宗教	信仰心	宗教的対立
階級	労働者の団結	階級闘争
国家	愛国心	戦争
人類	人類愛	世界規模の環境問題

だろう。自分との出会いやつながりがすばらしいはずだという思いがあるからこそ，同じ成員となった人に対して連帯感を持って行動を共にすることができるのである。

　このように誇大自己の視点から考えると，非所属集団を準拠集団とする場合，自分の才能への全幅的信頼と関連して強く自己依拠的となる，つまりあくまで自分という個体にこだわるのに対して，所属集団を準拠集団とする場合，自己愛から生じた誇大自己の延長として，その出会いのすばらしさや自分と運命的につながっていることへの強い愛着が生じ，それが自分の延長としての所属集団への同一化となり，集団・集合体に対して献身的な行動になるのだと考えられる。

　準拠集団が所属集団となるのか，それとも非所属集団となるのかについて，誇大自己の視点より考えてみた。自己愛より発する誇大自己の特徴は，個人的な相違にしかすぎないので人によって全く異なり，分析概念の1つとしては有効なものにはなりにくいかもしれない。

　しかし，誇大自己の視点から整理し直すことで，個人の社会的行動および集団とのかかわりについて明確になる部分もあるのではないかと思われる。所属集団であれ，非所属集団であれ，同一化が働く際，自己愛から発する誇大自己

第9章　自己愛と集団　177

の拡張が要因となっている場合は十分考えられるだろう。

4　誇大自己の有為イメージの縮小といじめ

　自己愛による誇大自己の有為イメージがどのようなものとして抱かれているかは，本人の性格（遺伝など生得的側面）と，これまでの生活から知識や習慣として獲得してきた社会化状態とがかかわっているであろう。それは自分の将来展望や近親者との人間関係などに大きく影響するだろう。

　誇大自己の有為イメージについては，さまざまに論ずることができようが，ここではいじめの問題とかかわらせて考えてみよう。特に誇大自己の有為イメージが縮小する場合，すなわち，①自分の才能や能力を信じることができない場合，②自分に起こる偶然的なことがらへの悲観視，③自分とつながりがあるものへの愛着心の欠如について，考えてみよう。

1）　自分の才能や能力を信じることができない場合

　自分の才能への全幅的信頼がない状態とは，「自分には才能がない」，「自分にはできない」，「やっても無駄だ」という思いである。「自分には才能がある」という思いであればこそ，チャレンジすることができる。なければ，あきらめるか，代替的なもので辛抱するしかない。子どもの場合，誇大な空想の範囲と力が徐々に減少してより現実的な自分を身につけていくことになるわけだが，あまりに誇大自己の部分が削られると，誇大自己の有為イメージまで縮小することになる。たとえば，親から絶えず劣っている面ばかり言われ続けて自分には才能などないのだと思わせられている場合である。

　自分にはできないなどといったあきらめの状態に，思春期の自己納得的心情（第3章第3節参照）が加味されると，できないことでいじめられても，いじめに対して抵抗しようという意欲もなくなり，助けを求めることもなく，いじめ被害の状態のまま耐え続けていくことになる。やがて限界がくると，不登校になったり自殺に至ったりすることとなる。

いじめられるという不当な行為に対して周囲の助けを求める自己保全的行動が出てくるのは，自分の才能や能力への自信があって，それがエネルギーとなり，思春期の自己納得的心情や，チクってはいけないなどといった仲間集団内の掟にもめげずに，周囲の者に表明できる場合であろう。
　自分の才能への全幅的信頼とは，どのような内容のものであっても，自分にはその自信があると感じられるものであればよい。たとえばドラエモンの登場人物であるのび太は，成績はふるわないがあやとりが大変うまいために，それが生かせる機会には大きな自信となっている。そうすると，さまざまな才能を認める環境があることが重要だということになる。教科学習の成績がよいことが子どもの能力を評価する唯一の仕方であれば，それに対して才能を持つ子どももごく限られてくることとなる。自分の才能に対して全幅的信頼を持ち，思いっきりチャレンジしていこうという気持ちの持てることが望ましいということであれば，そうした環境を整備することが必要になる。

2) 自分に起こる偶然的なことがらへの悲観視

　たいていの人は，宝くじを買う時自分は当たりくじを引き当てるだろう，あるいは自分は交通事故には運よく遭わないだろう，といった思いを持ったりするであろう。そのように思えないということは，悲観的な性格も関係しているであろうが，これまでによくない経験をしていることが大きく影響しているであろう。これまで自分にはよくないことばかり起こるとか，楽しいことは何もないという経験が重なると，次第に自暴自棄になり，自己否定から自殺願望が生じたりすることとなる。誇大自己の有為イメージが小さくなって，自分にこれから起こることがらにおよそ可能性を見いだせなくなり，生きる意欲がなくなってしまうのである。
　いじめにかかわることとしては，過去にいじめられるなど，不安な経験があると，それを何とか避けたいということで，いじめられたくないという脅迫感のためにいじめるというような行動が出てくる場合がある。そうであれば，そのようないじめへの不安感をなくすためにも，小学生の頃に生じる初期的ない

じめに対応していくことが必要になるだろう。

3） 自分とつながりのあるものへの無条件的愛着心の欠如

　自分とつながりのあるものへの無条件的愛着心は，自分が出会う人や物がよいか悪いかに関わりなく，そうした人や物をまさにありのままに受け入れるということである。つまり，属性を評価してそれで判断するのではなく，存在そのものを受け入れるということである。

　教室や会合でたまたま話をしたり近くにいた人が，自分とつながりがあるために無条件的に愛着心が働いて，親しくなる場合も多いであろう。もちろん，自分と気が合うことや自分と同じ好みでなければ親しくしない人もいるであろうし，しばらく親しくしても合わなくなってやがて疎遠になる場合もあるだろう。すべてというわけにはいかないが，親しくなる際の要素として，こうした無条件での愛着が働くことは，必要であろう。出会う人への期待や親愛感が働かなければ，他者を自分の欲求を満たすための手段としてしか考えられず，他者への共感など発生しないので，いじめなど攻撃的行動が多く行われるだろう。

　ところで高垣忠一郎は，自己肯定感を「自分が自分であって大丈夫である」という想いだとし，それはその存在自体がまるごとかわいい，その存在自体がまるごとかけがえがない，という愛され方をするなかで生じるという。こうした自己肯定感が，児童生徒に抱かれるためには，周囲の者が児童生徒の存在自体をまるごと愛することが必要で，ここで問題にしている無条件的な愛着が周囲の者によって抱かれているということが必要になる。高垣は，「自分が自分であって大丈夫」という感覚を欠くがゆえに，その代償として，周囲から評価され，認められることによって自分を肯定し生き延びようとする「よい子」が多く育っていることを問題視している[24]。周囲の者から無条件の愛着が受けられるということが大切だということである。

おわりに

　ここでは，精神分析学の議論を参考としながらも，そこでの知見をあまり前提とせず，社会に生きる主体としての個人が持つであろう自己愛，およびそこから生じる誇大自己の部分に限定して議論を進めた。それは幼少時に抱く空想的全能感がもとになって，現実の生活に直面することから次第に削り取られ，等身大の自己像として定着していく中で，わずかに，あるいは肥大して残っていく願望的な自己イメージの個人史形成にかかわる問題である。

　いじめに関することとしては，十分に論じきれなかったが，誇大自己の有為イメージが縮小していることによって，不当ないじめに立ち向かおうという意欲をなくしたり，いじめ被害への脅迫的妄想からいじめ加害にはしることがあること，子どもが自己肯定感を持てるよう，周囲の者が子どもに無条件的な愛着を持って接することが大切であることを指摘した。経済的に豊かになり，生活形態がより個人化する社会にあっては，自己愛の視点はいじめのみならず，さまざまな現象を分析する重要な視点になるであろう。

1）　R.マートン（森東吾・森好夫・金沢実訳）『社会理論と機能分析』，青木書店，1969年（原著1957年），259頁。
2）　マートン，同書，229頁。
3）　マートン，同書，222頁。
4）　マートン，同書，194頁。
5）　マートン，同書，249頁。
6）　マートン，同書，256-258頁。
7）　船津衛『シンボリック相互作用論』，恒星社厚生閣，1976年，227頁。
8）　作田啓一『価値の社会学』，岩波書店，1972年，296頁。
9）　作田，同書，298-299頁。
10）　井上忠司『「世間体」の構造—社会心理史への試み』，日本放送出版協会，1977年，70-72頁。
11）　岡野高明「自己愛—自己の病理」，上里一郎・末松弘行・田畑治・西村良二・丹羽真一監修『メンタルヘルス事典』，同朋社，2000年，361頁。
12）　岡野，同書，364頁。

13) 大渕憲一『満たされない自己愛―現代人の心理と対人葛藤』, 筑摩書房, 2003年, 47-48頁。
14) 佐伯啓思『欲望と資本主義―終わりなき拡張の論理』, 講談社, 1993年, 158-166頁。
15) C.ラッシュ（石川弘義訳）『ナルシシズムの時代』, ナツメ社, 1984年（原著1979年）, 29頁。
16) 小此木啓吾『自己愛人間―現代ナルシシズム論』, 朝日出版社, 1981年, 22-23頁。
17) 小此木, 同書, 45頁。
18) 小此木, 同書, 42-43頁。
19) 小此木, 同書, 64頁。
20) 小此木, 同書, 63頁。
21) H・コフート（水野信義・笠原嘉監訳／近藤三男・滝川健司・小久保勲訳）『自己の分析』, みすず書房, 1994年（原著1971年）, 98頁。
22) 香山リカ『〈じぶん〉を愛するということ―私探しと自己愛』, 講談社, 1999年, 195頁。
23) これらの特徴は, ここでの考察の対象としている準拠集団論を含む社会科学の射程で考えており, 誇大自己が成り立つ要素の議論とは異なる視点からとらえている。小此木によれば, ①現実に親にほめられることで自己愛を満足させることで作られる自分, ②代償的に思い描かれる理想的な自分, ③理想的な対象である父親像や母親像, の3つの融合したものが誇大自己であるとカンバーグが指摘していることを紹介している。小此木, 前掲書, 245-246頁。
24) 高垣忠一郎『生きることと自己肯定感』新日本出版社, 2004年, 76頁。

第10章　集団分析の視点——補　論——

はじめに

　本章では，集団についての一般的な特徴づけを行い，社会学の古典的文献より参考になる知見を引用しながら，集団状況の移り変わりを概説する。最後に集団分析の有効性について論じておきたい。本章は，これまでの論述と若干重複している部分もあるが，いじめ考察における集団の視点からの分析の理解を促すことを意図したものである。

1　集団の5つの側面

1）　群集から集団へ

　「集団（group）」の一般的特徴を位置づけるに当たって，最初にその前段階とみなせる「群集（crowd）」の一般的特徴についてみてみよう。群集は，ごく普通には一時的に結合しやがて散っていく人々のことをさしている。たとえば火事やけんかがあって人々が群れている状態であるが，そのことを念頭において考えてみるならば，構成員が空間的，物理的に近接していて（1．近接性），共通の関心が存在しており（2．共通の関心），成立が一時的で，関心の対象の喪失とともに消滅し（3．一時性），メンバーの形成が偶然的契機により（4．メンバーの偶然性），その場で形成された集合的雰囲気に左右され，暗示を受けやすい（5．群集心理）という特徴を持っている。

これに対して，集団は，たいていの場合なんらかの明確な結成動機や目標を中心にしてできあがり，より持続的である点で群集と異なっている。学級集団のように，同年齢の少年少女を多数集めて構成し，一定の期間が過ぎればメンバーが進学して編成替えされたり，卒業してメンバーがばらばらになる場合もあれば，ゲートボールをするサークル集団のように，メンバーの入れ替えがありながらも長期にわたって存続していく場合もある。

こうした集団の特徴を，群集についてあげた5つの特徴との対比で考えてみると次のようになる。すなわち，集団内ではある程度持続的で安定した相互作用パターンが繰り返され（1．相互作用パターン），それぞれの集団に，共通の目標とその達成のための協働（2．共通の目標）があり，それを実現するために，固有の規範によるメンバーの行動や関係の規制がなされ（3．規範の形成），成員間の地位と役割の分化と体系化がすすみ（4．役割と地位の分化），集団内部での一体的なわれわれ感情ができあがる（5．われわれ感情）。

2） 集団の官僚制化

次に集団の緊密化した状態として，「組織（organization）」をあげることができる。一般的には，最大利潤を追求して構成されている企業体が，組織の典型ということになるだろう。そうした中核となるイメージはあるが，集団と組織について明確な概念的区分があるとはいえず，研究者によって含意させている意味内容は一律であるとはいえない。塩原勉によれば，組織とは本来管理する仕組みであり，集団の中身をなしていたのだが，社会生活の大きい集団の複雑な組織の重要性が増すにつれ，組織という用語は「組織された集団」それ自体を意味するようにもなり，さらには継続的で形式的に整備された「公式組織」およびそれをもつ集団をもっぱら意味するようになってきたという[1]。この組織の範疇に属しながら，なお一層管理の仕組みを徹底させたものに「官僚制（bureaucracy）」がある。ここでは近代化と並行して発展してきた官僚制について，その特徴を位置づけ，集団の形式にかかわる作動様式を探っていくことにしよう。

官僚制については，周知のようにウェーバーが『経済と社会』の「支配の諸類型」において，正当的支配の3つの純粋類型として示される「合法的支配」の中で詳しく論じている。ウェーバーによると，合法的支配とは，制定された諸秩序の合法性と，これらの秩序によって支配の行使の任務を与えられた者の命令権の合法性とに対する信仰に基づいたものであり，そのもっとも純粋な形が官僚制的支配なのである。このように官僚制とは，目標を効率的に達成するためにうみだされた，高度に組織化された合理的な管理・運営の体系である。
　この官僚制的組織は，文書に対する精通，慎重性，厳格な服従関係，物的および人的費用の節約といった点で，歴史上他のあらゆる形態に比べて技術的に優秀であるとみなされる。そうした特徴の根底にあるのは，「計算可能な規則」という要素であり，それがもっとも徹底的に追求された集団が官僚制だというわけである。ウェーバーは，一切の個人的な感情的要素を職務の処理から排除することが完全に達成されればされるほど，官僚制が資本主義に好都合な性質をますます強く発展させていくことを指摘し，官僚制に備った制度的特質として，非常に多くの点をあげている。それらより今日の官僚制組織に特徴的なことを列挙すると，権限の規則的配分，職務のヒエラルキー化，公私の分離，文書による事務処理，専門知識・能力に基づく勤務者の自由な選択と階級昇進性などがある。
　しかしながら，官僚制という言葉は，どちらかといえばそうしたウェーバーの規定よりも，マイナスのイメージが強いであろう。この点に関し，マートンは官僚制の逆機能として，次のような点を指摘している。すなわち，法規や規律への過剰同調による新たな状況や条件への適応不全，内集団派閥の形成，非人格性と冷淡，官僚の尊大や不遜，大衆軽視などである。
　ウェーバーは，理念型として官僚制を特徴づけたが，現実に膨大な業務をこなしている官僚制組織は，必ずしもそのような理念型どおりに機能しているわけではない。不徹底な箇所は，官僚制の逆機能的側面としてそれに接して不利益を被った者から非難を浴びることになる。
　このように批判的に語られることもあるが，官僚制は，原理的な意味におい

て，ここで論じている集団という形態のもっとも高度に分化したものの1つとしてとらえることができるであろう。もちろん万能だというわけではなく，設定された目標が短時間で変更されることのない安定した確実性の高い環境のもとで，その機能を発揮する。可変的様相の強い環境のもとでは，弾力的権限のある柔組織の状態が有効である。

3） 群集・集団・官僚制の一般的特徴

以上のことをまとめて，群集・集団・官僚制を比較しながらそれぞれの位置づけを行うと次のようになる。

1 対面的伝達性

実際にメンバーがやりとりを行う側面としての対面的伝達性については，群集から集団へ，そして集団が官僚制化するにつれて，より伝達効率がよくなるべく決められた約束にのっとって，メンバー間の伝達が行われる。群集では論理的なメッセージが冷静に伝達されることはまずなく，きわめて情動的な伝達が行われ，集団ではお互いの感情も含めて比較的落ち着いた状態で伝達されることが多く，官僚制のもとでは文書のやりとり，あるいは事務的手続きとしてやりとりがなされる。

2 集合的求心性

全体の方向を定める集合的求心性については，次第にメンバーにとって行為を集約させる方向性が強くなっていく。つまり，群集における共通の関心から，集団ではメンバーに共通の達成したい目標が存在し，官僚制においては明文化された目的が定められ，そのために遂行する方法が規定されている。

3 持続的拘束性

持続的拘束性は，メンバー間の行為の様式が規制される状態を示しており，群集では細かい規則のルールがないのに対して，集団内では何らかの固有の規

図表10-1　群集・集団・官僚制の一般的特徴

	群　集	集　団	官　僚　制
対面的伝達	偶然的接触	相互作用パターン	文書化，事務的手続き化
集合的求心	共通の関心	共通の目標	明文化された目標と業務
持続的拘束	一時性	規範の形成	権限の規則的配分と成文規則
成員間連結	成員の匿名	地位と役割の分化	ヒエラルヒー化
情緒的統合	群集心理	われわれ感情	感情の排除

範ができあがり，官僚制では権限の規則的配分と成文規則が判然と定められる。

4　成員間連結性

　成員間連結性は，メンバー同士を繋ぎ合わせる状態を指しており，全く同質的な見知らぬ人の集まりであった状態から，持続的に対面的なやりとりを繰り返すことによって，相補的な役割が定まって分業化し，さらに序列ができ上がって地位の分化へと進み，官僚制では複雑な位階制度が設定される。

5　情緒的統合性

　情緒的統合性は，個々人の感情の総体がどのようになっているのかを示しており，群集状態においてもっとも激情的な群集心理が発生するが，集団では内部の一体感，すなわちわれわれ感情（we feeling）となって持続し，官僚制においては私的な感情を加えることを極力排除しようとする。

　このように，対面的伝達性，集合的求心性，持続的拘束性，成員間連結性，情緒的統合性の状態を観察することによって，群集，集団，官僚制の特徴をとらえることができよう。特に現代社会に多数存在し，複雑に関係し合う集団の状態を判断しようとする際には，上述の諸側面のそれぞれについてみていくことで，群集との相違はどの程度か，どれほど官僚制化しているか，どの側面に重点が置かれているのか判定することができ，有効な視点となるであろう。群集・集団・官僚制の特徴についてまとめると，図表10-1のようになる。

2　集団状況の変化

　それでは，教室や職場など，1つの空間内で実際に対面的相互作用を行う集団は，どのように内部変化していくのだろうか。集団も全体としてみるならば，新しく編成されてから何らかの要因によって解体するまで，たえず変化している。○○学校の○年○組，○○会社○○部○○課，○○病院の○○棟などというように，外部からは常に変わらずに存在しているように見えるが，それぞれの集団のメンバーにとっては，時間の流れとともに自分の所属集団が，絶えず変化していることを感じているであろう。こうした集団内部の変化について，一般化を試みてみよう。

1）集団編成時

　入学時に編成された学級集団や新たに配置替えされた職場集団においては，集団についてのごく一部分の要素だけがメンバーの間で常識的知識としてあるだけで，他のさまざまな要素は，メンバーたちがそこでの集団状況の中で，協働して行為のとり方やそれへの意味づけを決めていくこととなる。つまり，集団の「状況（situation）」に対して「定義づけ（definition）」を行い，前節でみた集団の一般的特徴のそれぞれに対し独自の内容を与えていくのである。
　トマスとズナニエッキは，「状況」と「状況の定義づけ」について『ヨーロッパとアメリカにおけるポーランド農民』の中で次のように規定している。

　　　状況とは一群の価値と態度のことである。個人や集団は活動過程でそれに対処しなければならず，それとの関係でこの活動が計画されてその成果が評価される。実際の活動はどれも状況の解決を図ることだ。状況には3種類のデータが組み込まれている。(1)客観的な条件。個人や社会はこれに従って動く。つまり，価値の全体─経済的，社会的，宗教的，知性的など─。これはある時期，直接，間接に個人や集団の意識状態に影響する。(2)個人や集団の既存の態度。これはある時期，

個人の行動に実際的な影響を及ぼす。(3)状況の定義づけ。即ち，条件についての多少とも明確な観念，及び態度についての意識。そして状況の定義づけは，意志を行動に移す際に準備として必要なものである。何故なら，ある所与の条件下ではその時の態度との関連で無限に多種多様の行為が可能となるから，これらの条件から取捨選択が行われ，解釈が下され，一定のやり方で組合せが行われる。と同時に，様々な態度が系統づけられて体系化され，その中の一つの態度が他より上位になって支配的な位置を占めるようになる。(W. I. トマス，W. F. ズナニエッキ（桜井厚訳）『生活史の社会学——ヨーロッパとアメリカにおけるポーランド農民』，1983年)[4]

　行為者はその時々の事態を自分の行為と関連させて意味づけ，事態がいかなるものであるかを純粋に知識的なものから，きわめて非合理的な情緒に至るまで，さまざまな仕方で判別し評定して自分の行為進路を決定し実行するのであり，事態をこのように力動的に評価することを状況の定義づけという。
　行為者は常にある集団状況の中に位置しているのであるが，集団状況そのものをこれまでの自己の経験から了解的に定義づけすることができない時，そこでの集団状況は行為者にとって非常に重要な投企の場となり，主題的レリバンス，すなわちわれわれの経験や思考において知られないままに働いている選択作用の働きにより，これまで地平の領域に属していた集団状況への適応がテーマ化されることとなる。[5]
　その時，メンバーは集団状況内にどのように存在しているのか，さらには集団状況にふさわしくふるまっているかどうか，すなわち状況にふさわしくふるまっていると，回りの人に見えるようにふるまっているかどうか，という多かれ少なかれ他の人々のまなざしを考慮する行動が，最大の関心事となる。そうした相互に了解できる対面的相互作用の漸次的な深まりによって，成員間で行われる状況の定義づけに一致がみいだされるようになる。
　しかしその場合でも，私的な状況の定義づけは多く発生する。状況の定義づけは，トマスとズナニエッキが指摘していたように，個人の意思を行動に移す際に準備すべき必要なものであり，通常の場合，これまで慣例的になされてい

る既成の社会的定義が適用されるが，それが適切でない時自己の経験や知識を生かして新たに私的な定義が作られる。役割や相補的な行為のパターン化が未分化な集団内では，各メンバーはそれぞれの個人史から集積された知識をもとに独自に私的な状況の定義づけをするわけで，この他者と共有することのできない部分が，当面各人の個性として位置づけられる。

　このように，状況の定義づけがなされる際には，メンバー間で共有される部分と，私的に定義される部分とがあり，その定義内容はメンバー間で異なるため，時に事実認知レベルでの対立が生じたり，対人評価の面で不和が生じたりする。

　しかし，時間の経過とともに，メンバー間の全面的な対面的相互作用がなされるにつれて相互の定義づけの相違を知り，私的な状況の定義づけは，多くのメンバーの間で共有された定義づけに変更されていく。そして，空間配置や人物構成などに大きな変化がない限り，集団状況は，個々のメンバーによって一定の範域を持って保持されていく。そのため，ある具体的な視覚的イメージのある，情緒的印象を伴った生活空間として定義づけされる。

　共有化された状況の定義づけによって内面化された視覚的イメージは，多くのメンバーによって共有され，その集団状況固有の全体的イメージとして安定化していく。集団全体からみれば，メンバーによって共有される状況の定義づけの総和が，その集団状況の安定度を示しているといえる。

2） 集団独自の役割やルールの発生

　集団は，役割と地位が分化し一定のルールのあるものとしてとらえられるが，新しく作られたばかりの状態にある集団では，集団編成の際に決められた新しいリーダーによって，目標遂行のための役割がメンバーに形式的に割り当てられ，ルールも最小限の状態である。

　集団が活動をはじめると，フォーマルに設定された役割はその位置づけをどんどん変化させ，それとともにインフォーマルな役割とでもいうべきものが発達していく。これはメンバー間での対面的相互作用が次第に慣例化され，多く

のメンバーによって期待される行為パターンに至ることによって形成される場合もあれば，フォーマルに規定された役割を補完する形で自然発生的に発展し，メンバー間で必要なものとして認識されるに至る場合もある。

　このように状況の定義づけが共有化されていくと，インフォーマルに形成される慣例化された行為と，フォーマルに規定された役割とが混成する形で，集団状況内でメンバーの大多数に期待された相補的行為がパターン化されていくこととなる。

　ゴフマンは「状況にかかわりのある役割（situated role）」という概念によって次のように説明している。

> ある状況にかかわりのあるシステムの行程が頻繁に繰り返されると，充分に発達した，状況にかかわりのある役割が現われてくる。行為は，処理可能な束，つまりいくつかの行為のセットに分けられ，各セットは単独の参加者によって矛盾なく遂行される。この役割形成に加えて，役割分化が生ずる傾向がある。それゆえ，参加している一つの部類の成員が遂行する活動群は，他のカテゴリーの成員が遂行するセットとは，依存しているが，異なる。したがって，状況にかかわりのある役割とは，あるセットの他者たちの見ている前で遂行され，その他者たちが遂行する活動に組み込まれる活動の束である。この種の役割は，一般の役割とは異なることをつけ加えておく。というのは，これらの役割は，対面的社会状況のなかで実現され，取り込まれるものであり，また，これらの役割によって構成されているパターンは，具体的な自己─補正システムであることが確かに認められるからである。（ゴフマン『出会い─相互行為の社会学』）[6]

　集団形成時には，メンバー間で共有された状況の定義づけが少ない匿名的な集団，つまり群集に近い状態であったのが，対面的相互作用の繰り返しによって，状況の定義づけが共有化され，次第にメンバー間で期待された相補的行為のパターンとしての状況にかかわりのある役割が分化し，より組織化された集団へと発展していく。こうして，公式的な組織図とは異なる状況にかかわりのある役割が形成されていく。

　さらには，集団状況が状況の定義づけの共有化によって安定してくると，こ

れまで無秩序にふるまっていたメンバーの行為を，細部にわたって規定する様式が発生する。すなわち，メンバー間だけのルールとしての「状況適合性ルール」が生じる。

集団状況にふさわしくふるまうように仕向ける状況適合性ルールは，前述の私的な状況の定義づけとかかわって，各メンバーの集団状況における行為の適合度を規定し，そこからメンバー間で集団状況を察知する能力や集団状況に適合する能力の差を発生させる。

サムナーは，集団のメンバーが同じ行為をすることで，社会的慣習となることをフォークウェイズ（folkways）という概念を用いて説明している。

> フォークウェイズが生みだされる作用は，ささいな行為のたびたびのくりかえしにある。それは，多くのばあいには，大多数のものが一致して行為することによって，また少なくとも，同じ欲求をもって向かい合っているときに，同じ方法を行なうことによってである。直接の動機は利害関心にある。それは個人における習慣を，集団における慣習を生みだす。それゆえそれは，習慣や慣習として，その範囲内にある個人に力をふるう。それゆえフォークウェイズは，それに社会現象の多くの部分がよっている社会的な力となる。（W. G. サムナー 『フォークウェイズ』）[7]

フォークウェイズは形成されると集団内で規制力となり，さらに生活の繁栄や公共の福祉に有意義であるという確信にまで発展すると，モーレス（mores）になるという。

3）集団状況の固定化

こうして，一定の間持続する空間配置が基礎となって，そこで対面的交渉を繰り返し，その結果集団状況自体が各メンバーの中に一定の具体的な視覚的イメージを持って認識されることとなる。そして，それがある程度恒常化し，各メンバーに内面化されるに至ると，そうした集団状況への同一性感覚が生じ，状況適合的指向が感覚的身体的に保持されるようになる。

この集団状況への同一化作用を「状況的同一性」としてとらえることができる。すなわち，ある一定の空間において，自己が認知する集団状況内の一構成メンバーであるという感覚であり，また他者によっても一構成員として認められていると感じることができ，一貫した自分らしさの状態を保持できる感覚である。[8]

　個人の内面に集団状況への同一化が生じると，集団へのコミットメントも変化が生じる。たとえば，学級集団内において，教科学習の修得よりも娯楽的な感情表出的行為が多く発生し，インフォーマルな情緒的一体感の共有という自己完結的目標が，「集団状況内で共有化された目標」となることもある。また，職場集団においては，一人だけ傑出して集合目標を達成し過ぎないように，というインフォーマルに形成された状況適合性ルールが暗黙的に了解され，フォーマルに規定された目標をそこでの集団状況内で共有化された目標に変質させてしまうこともある。先行する有名な研究として，アメリカのウエスタン・エレクトリック社のホーソン工場での観察があげられる。その研究においては，集団内分化が進展し，メンバーの間で友好関係や対抗関係が形成され，ホーマンズが「標準化の様態（mode of standarization）」と呼ぶ状態，つまり頻繁に相互作用することによって，メンバーの活動や感情が類似的になる状態が出現するという。すなわち，集団状況の固定化である。そこでは，次のような状況適合性ルールが見いだされた。

1. 働きすぎてはいけない。さもなければ，あなたは，「率やぶり」である。
2. 仕事を怠けすぎてはいけない。さもなければ，あなたは「詐欺師」である。
3. 仲間に害を与えるようなことを監督にいってはいけない。さもなければ，あなたは「密告者」である。
4. 社会的距離を維持したり，おせっかいをしてはいけない。たとえば検査工であれば，あなたはそれらしく行為してはいけない。
5. あなたはうるさく自己主張したり，統率を望んではいけない。

（G. C. ホーマンズ『ヒューマングループ』[9]）

図表 10-2　集団の一般的要素とその変化型

集団の一般的要素	集団状況との関連における要素
相互作用パターン	集団状況内で固有の印象操作的行為
共通の目標	集団状況内で共有化された目標
規範の形成	状況適合性ルールの発生
地位と役割の分化	集団状況内役割の分化
われわれ感情	状況の定義づけの共有と集団状況への同一化

　集団の一般的要素と，それに対応しながら集団状況との関連において発生する要素を示すと図表 10-2 のようになる。

　集団設定時に一律的に形式的に設定された集団目標が，時間の経過によって，変形されたり付加的な意味を加えられて内容変更され，さらに目標への達成手段がそれぞれの集団状況に応じて具体的な形式を与えられ，集団としての個性を持つこととなる。こうして，集団メンバーの側からは，共有化された状況の定義づけが進み，状況への同一化意識が強く働いて，集団内で固有の印象操作的ないしは儀礼的な行為が頻繁にとられ，集団状況へ適合させる指向性が働く。一方，集団状況全体の側からは各メンバーに向かって，状況適合性ルールとそのサンクションが整備され，集団状況内で共有化された目標が集合的に形成されていき，次第に集団状況が固定化する。

　しかしながら，その固定化する状態は一様ではなく，集団ごとに異なる多種多様なものとなる。メンバーの大幅な入れ替えがあったり，フォーマルな目標の内容が変更されて各メンバーの役割内容が変わったり，集団の外部環境に大きな変化があったりした場合には，集団状況の安定化状態がくずれ，集団編成時と同様の段階に戻り，再び安定化に向けて流動することとなる。

　以上一般的な記述をしてきたが，集団内の状況変化という視点から考えてみるならば，メンバー間の感情的動員力による集団内の変化は相当なものであると言える。

3 集団分析の有効性

　本書第6章において，個人から社会へ5段階に広がる生徒支援の対象領域を設定して考察を進めたが，本章での集団分析の視点は，「対人・小集団領域」と「公的集団領域」の領域において現象の解明を目指す視点である。この集団分析の有効性について考えてみると，次の2点をあげることができる。

　まず第1に，1つの集団を対象とする視点は理論と具体的現象の両面からの緊密化を図ることができる点である。対象となる学級集団や仲間集団は，個人，対人関係，集団全体として段階的具体的に観察，調査することができる一方，集団全体からの創発性や集合表象としての性質も持ち，これまでの社会学での集団に関する蓄積を利用しそれらを当該集団に対して効果的に適用することで，現象を理論的にとらえることができるであろう。

　こうした集団論的視点からのいじめ問題への考察は，一方で学校現場での個々の直接的対処法から距離をおいてより一般化した考察を行い，他方で抽象度の高い社会学理論を具体的に適用できるよう現象面への定式化を行うという意味で理論と具体的現象との双方から相互緊密化を図ることができ，十分な有効性を持っていると考えられる。

　第2に臨床にかかわる側面で，問題を抱えている個人や集団に焦点を当てる治療的アプローチと，「積極的に現代社会に隠された問題を指摘し，その解決を志向する」[10]構造的アプローチとの接点に位置し，両方の側面から考察できる点である。

　本書第1章で言及してきたように，いじめ問題は児童生徒のいじめ自殺や深刻な被害の防止という実践的要請のもとにテーマ化されるものであり，その意味で純粋に説明的意図のみで追究されるべきではない。

　その実践的要請には，逸脱や病理などで表現されるような問題状態を良好な状態に直す方向と，その問題状態を生み出している構造的あるいは背景的要因を指摘し変えていく方向との2つの方向がある。集団は，その成員に注目する

際には個人に焦点を当てた治療的アプローチとなり，集団全体に注目する際には社会的に構築されたものとして，その適合性を問う構造的アプローチの対象ともなる。

　本書では，主に学級集団におけるいじめの問題を，被害側の苦痛の存在という主観的内面状態の判断と状況的正当性の判断という確定が容易でない課題を伴った，社会的文化的現象として考察を進めてきた。これはいじめ被害にあっている者の立場からとらえなければ，臨床的対応すなわち問題状況を解決することに役立たないという判断からである。従って，基本的にはいじめという病理状態を治すという方向で，集団レベルでのさまざまな発生要因を考察する形をとった。

　しかし本書においてはそれだけでなく，いじめを成立させる構造的あるいは背景的要因にも随所で論及している。集団への同一化意識の過剰を生じさせる日本文化論的要因の考察や，日常社会規範の諸側面に関する考察などがその主なものである。これらの要因は，相互に密接に関連しあっており，集団分析のさらなる背景的要因として，集団をとりまく社会環境に大きな影響を与えている。

1）　塩原勉「組織」，森岡清美・塩原勉・本間康平編『新社会学辞典』，有斐閣，1993年，920-921頁。
2）　M.ウェーバー（世良晃志郎訳）『支配の社会学 I』，創文社，1960年，60-142頁。
3）　R.マートン（森東吾・森好夫・金沢実・中島龍太郎訳）『社会理論と社会構造』，みすず書房，1961年，179-189頁。
4）　W. I. トマス，F. ズナニエッキ（桜井厚訳）『生活史の社会学—ヨーロッパとアメリカにおけるポーランド農民』，御茶の水書房，1983年（原著1918-20年），63頁。
5）　江原由美子『生活世界の社会学』，勁草書房，1985年，108-140頁。
6）　E.ゴフマン（佐藤毅・折橋徹彦訳）『出会い—相互行為の社会学』，誠信書房，1985年（原著1961年），99-100頁。
7）　W. G. サムナー（青柳清孝・園田恭一・山本英治訳）『フォークウェイズ』，青木書店，1975年（原著1906年），8頁。
8）　竹川郁雄『いじめと不登校の社会学—集団状況と同一化意識』，法律文化社，1993年，42-44頁。
9）　G. C. ホーマンズ（馬場明男・早川浩一訳）『ヒューマングループ』，誠信書房，1959

年（原著 1950 年），87 頁。
10) 志水宏吉「臨床的学校社会学の可能性」,『教育社会学研究』第 59 集，1996 年，56-63 頁。

初 出 一 覧

第1章 「いじめ」日本社会病理学会編『社会病理学講座』第3巻第1章, 学文社, 2004年, 17-31頁.
第2章 「いじめ加害の実態と問題点」森田洋司監修『いじめの国際比較研究——日本・イギリス・オランダ・ノルウェーの調査分析』, 金子書房, 2001年, 159-173頁.
第3章 「いじめ現象に対する集団内相互作用からのアプローチ」, 日本社会病理学会編『現代の社会病理』, 1996年, 第ⅩⅠ号, 17-28頁.
「いじめ」四方壽雄編著『崩壊する家族』, ミネルヴァ書房, 1999年, 99-114頁.
第4章 「逸脱としての適応過剰——不登校, 摂食障害, 集団内いじめへの『日本文化論』的考察」, 愛媛大学人文学会『伝統・逸脱・創造』, 清文堂出版株式会社, 1999年, 55-82頁.
第5章 「地方都市住民のいじめに関する意識の考察——被害側への有責性意識を中心に」『愛媛大学法文学部論集　人文学科編』, 第18号, 2005年, 1-13頁.
「いじめとしつけを地方都市住民はどのように考えているか——松山市の調査結果より」大阪市立大学社会学研究会『市大社会学』, No.5, 2005年, 1-16頁.
第6章 「生徒支援の教育社会学に向けて——いじめ問題を中心として」
日本教育社会学会『教育社会学研究』, 第74集, 2004年, 77-91頁.
第7章 「日常生活における社会規範の諸側面」
『愛媛大学法文学部論集　人文学科編』, 1997年, 第3号, 85-104頁.
第8章 「状況適合性ルールと羞恥感情」
『愛媛大学法文学部論集　文学科編』, 1995年, 第29号, 103-119頁.
第9章 「準拠集団と誇大自己に関する一考察」
『愛媛大学法文学部論集　人文学科編』, 2001年, 第10号, 123-136頁.
第10章 「集団視点の再考——現代日本社会における学級集団」千石好郎編『モダンとポストモダン——現代社会学からの接近』, 法律文化社, 1994年, 112-131頁.

＊なお, 本書刊行にあたって, それぞれ大幅に加筆している.

索　引

あ　行

甘え　73
「甘え」の心理　68
いじめ加害経験　20
いじめ経験　82
いじめ撃退マニュアル　121
いじめた時の人数　25
いじめっ子が将来犯罪を犯す可能性　91
いじめっ子と後の犯罪　19
いじめに関する情報開示　16
いじめに伴う責任問題　17
いじめの前提条件　37
いじめの定義　7, 11, 118
いじめのとらえ方　87, 91
いじめの分類　40
いじめ被害側の主観性　9
いじめ被害側への有責性意識　91, 94
いじめ被害者に対する有責性意識　86
いじめられていることを大人に言えない理由　52
いたずら的いじめ　41
逸脱（deviance）　57
イデオロギーとしての日本文化論　72
インフォーマルな役割　45
ウェーバー　140
ウェーバーの正当的支配　10
尾木直樹　53
おタク　61
オルウェーズ，ダン　19, 84

か　行

加害者の人権　31
学習権を侵害する　42
過剰な清潔観念　36
学校の支配的なまなざし　60
学校臨床心理学の課題　111
川上亮一　15
感受性　67
間人主義　69, 73
官僚制　184
規範的要請　67
ギルモア　26
均質化圧力　66
クセルゴン，ジュリア　35
群集（crowd）　183
ケステレン，ジョン　22
権利意識　103
小泉英二　59
攻撃性　26
向社会的行動　4
公恥（public shame）　157
公と私　120
心のノート　119
個人カリキュラム化　117
誇大自己　165, 172
誇大自己の有為イメージ　173
子ども中心主義思考　90
子どもの要領のよさ　92
子どもへの期待　54
小此木敬吾　170
コフート　172
ゴフマン　133, 134, 141, 191

さ　行

サイレント・コミュニケーション　143
サインに気づくこと　113
作田啓一　157, 167
散漫な社会的場面　135
自己愛　169
自己愛人格障害　169
自己納得的心情　53, 178

201

自己恋着　　170, 173
私事化　　6, 103
思春期の自立　　52
持続的拘束性　　46, 186
私　恥　　159, 168
しつけの担い手　　100
実在的定義　　8
自発的同調　　74
社会化連続体　　76
社会規範　　127
社会規範へのかまえ　　76
社会的意味空間　　135
社会的場面（social occasions）　　133
社会の心理主義化　　120
弱者の集合的戦略としてのいじめ　　115
集合的求心性　　48, 186
集団状況　　43, 149
集団状況内で共有化された目標　　48, 193
集団状況内役割　　46
集団状態を分析するための5つの側面　　43
集団全体が関与するいじめ　　41
羞恥感情　　159
手段的同調　　75
準拠集団　　158, 165
状況察知能力　　45
状況適合性ルール　　46, 64, 133, 150, 193
状況適合能力　　45
状況の同一性　　65
状況にかかわりのある役割　　191
状況の定義づけ　　44, 64, 188
状況倫理　　133
常識的価値志向　　32
情緒的統合性　　47, 187
人権イデオロギー　　100
スクールカウンセラー　　110
スミスとシャープ　　116
成員間連結　　45, 187
清潔あるいは健康　　35
制裁回避的同調　　75
正当性意識　　11

正当的な攻撃　　9
生徒支援の対象領域　　108
性役割規範　　130
摂食障害　　61
善悪のけじめ　　94
全能感的ノリ　　47
「操作的」定義　　8
組　織　　184

た　行

対人関係指向　　67
対面的伝達性　　44, 186
竹内常一　　60
タテ社会　　73
タテ社会論　　69
談　合　　75
男女別いじめの手口　　23
地域閉鎖主義　　32, 117
恒吉僚子　　75
同級生間のいじめ　　12
同調（conformity）　　57, 74

な　行

中島梓　　61
仲間集団内部での隷属的ないじめ　　41, 112
仲間集団の特徴　　50
西尾市東部中事件　　49
日常生活への攻撃性の組み込み　　26
日中変動　　61
日本の児童生徒の男女間の意識の違い　　24
日本文化論　　68
ノリのよさ　　33

は　行

犯罪的いじめ　　42
ピア・カウンセリング　　116
フォークウェイズ　　192
普段の優位 - 劣位関係性　　94
不登校　　59
不登校問題　　119

プライバシー防衛意識　103
ベッカー　58
ベネディクト, ルース　154
ベフ, ハルミ　74
便宜的同調　75
宝月誠　58
ホーマンズ　151

ま 行

マートン　76, 166, 185
まじめ　66, 71
まじめあるいは勤勉　38
宮島喬　74

明朗あるいはネアカ　33
モーレス（mores）　141, 192
森田洋司　63, 119

や 行

優等生息切れ型　59
ユーモアあるいは饒舌　34
ユンガ, タス, ヨハン　22
要領のよさあるいは迅速性　34

ら 行

ルーマン　140

索　引　203

著者紹介

竹川 郁雄（たけかわ いくお）

1956年　大阪市に生まれる
1990年　大阪市立大学文学研究科後期博士課程単位取得退学
現　在　愛媛大学法文学部教授
専　門　社会学，集団論，青少年問題

著　書
　『いじめと不登校の社会学——集団状況と同一化意識——』，法律文化社，1993年，他

2006年2月15日　初版第1刷発行

いじめ現象の再検討
―日常社会規範と集団の視点―

著　者　竹　川　郁　雄

発行者　岡　村　　勉

発行所　㈱法律文化社
〒603-8353　京都市北区上賀茂岩ヶ垣内町71
電話 075(791)7131　FAX 075(721)8400
URL:http://www.hou-bun.co.jp/

Ⓒ2006 Ikuo Takekawa Printed in Japan
印刷：㈱太洋社／製本：藤沢製本所
装幀　石井きよ子
ISBN 4-589-02900-6

竹川郁雄著	現代日本の社会的潮流や規範意識が色濃く影響する教室内の状況と，そこから生じる逸脱現象に社会学的にアプローチする。いまだ十分に解明されていない原因を理論的に整理するとともに，独自の調査データを用いて実証的に問題の解明にせまる。
いじめと不登校の社会学 ―集団状況と同一化意識― 四六判・238頁・2625円	
勝野尚行・酒井博世編著	管理主義・競争主義のもとにある今日の教育制度の構造的問題を批判的に検討。いじめ・不登校・校内暴力・学級崩壊などの学校「病理」を解決していく道として，子ども・父母・住民・教職員の学校参加制度にその可能性を探る。
現代日本の教育と学校参加 ―子どもの権利保障の道を求めて― Ａ5判・332頁・3675円	
田原恭蔵・林 勲編	キーワードや多数のコラム・図表で教育学全体を体系的に解説したビジュアルな教科書。各章ごとに研究課題や推薦図書を，巻末に法規等の資料を添える。大学のテキスト，教員採用の準備だけでなく，学校現場の実践にも資する。
キーワードで読む教育学 Ｂ5判・150頁・2415円	
斎藤稔正著	初めて学ぶ人たちのために，教職課程の教育心理学のテキストとして，基礎的な事象や法則について平易・簡潔にその概要を説く。Ⅰ教育心理学の課題と方法／Ⅱ発達／Ⅲ学習／Ⅳ学級集団／Ⅴ測定と評価／Ⅵパーソナリティ／Ⅶ適応／Ⅷ統計
全訂版 教育心理学 四六判・240頁・2415円	
田原恭蔵・林 勲・矢野裕俊編著	学校週5日制，飛び級，一貫校，受験競争緩和が論議される今日，世界の学校教育に視点をすえて日本の学校をみなおす。14カ国を対象に，カリキュラムから学校生活まで，各国の独自性を認識しつつ，かつ共通性にも着眼して論述。
かわる世界の学校 Ａ5判・268頁・2940円	

――― 法律文化社 ―――

表示価格は定価（税込価格）です